Edmund de Waal
Camondo

Edmund de Waal wurde 1964 in Nottingham geboren und studierte in Cambridge. Er war Professor für Keramik an der University of Westminster und stellte u. a. im Victoria and Albert Museum, im Wiener Kunsthistorischen Museum und in der Gagosian Gallery in New York aus. Er lebt in London.

Brigitte Hilzensauer, geboren 1950 in Niedernsill / Salzburg, übersetzte unter anderen Timothy Snyder, Nick Thorpe, Tim Bonyhady, Sophy Roberts und die Bücher von Edmund de Waal. Sie lebt in Wien.

Edmund de Waal

CAMONDO

Eine Familiengeschichte
in Briefen

Aus dem Englischen
von Brigitte Hilzensauer

dtv

Die Originalausgabe erschien 2021 unter dem Titel Letters to Camondo
bei Chatto & Windus, London.

2023 dtv Verlagsgesellschaft mbH & Co. KG, München
Lizenzausgabe mit Genehmigung des Paul Zsolnay Verlags Wien
© Edmund de Waal 2021
Alle Rechte der deutschsprachigen Ausgabe
© 2021 Paul Zsolnay Verlag Ges.m.b.H., Wien
Umschlaggestaltung: Anzinger und Rasp, München
Satz: Nadine Clemens, München
Druck und Bindung: CPI books GmbH, Leck
Printed in Germany • ISBN 978-3-423-35210-9

Für Felicity

LACRIMAE RERUM

I

Lieber Freund,

ich habe wieder Zeit in Archiven verbracht. Es ist ein Morgen im Vorfrühling, und da ist diese kaum unterdrückte Immanenz an den Bäumen im Park. Wenige Blätter noch, aber die nächste Woche wird anders sein. Es ist zu kalt und zu feucht, um lange auf einer der Bänke zu sitzen, ich tue es aber trotzdem. Nicht einmal die Hunde treiben sich herum. Es hat geregnet. Es gibt ein Wort für den Geruch der Welt nach Regen: *Petrichor*. Das klingt ein wenig französisch.

Jeder scheint zu dieser Stunde unterwegs zu sein. All die vorwärts gerichtete, drängende Energie.

Ich stehe auf, gehe den feuchten Kiesweg entlang, hinaus beim großen vergoldeten Tor in die Avenue Ruysdaël, wende mich nach links, hinauf in die Rue de Monceau. Bei Nummer 63 läute ich an und warte auf eine Reaktion.

Ich besuche wieder Archive. Dieser heftige Zug hinauf zu den Räumen hoch oben im Dachgeschoss, zu den Dienerzimmern, hundert Jahre zurück.

II

Lieber Freund,

ich mache ein Archiv aus Ihrem Archiv.

Ich finde Inventare, Durchschläge, Auktionskataloge, Quittungen und Rechnungen, Memoranden, Letztwillige Verfügungen und Testamente, Telegramme, Zeitungsannoncen, Kondolenzkarten, Sitzordnungen und Speisekarten, Partituren, Opernprogramme, Skizzen, Bankauszüge, Jagd-Tagebücher, Fotos von Kunstwerken, Fotos der Familie, Fotos von Grabsteinen, Kontobücher, Verzeichnisse von Erwerbungen.

Jedes Dokument hat seine eigene Art Papier. Jedes ein besonderes Gewicht, eine andere Textur, einen eigenen Geruch. Manche sind gestempelt, um anzuzeigen, wann ein Brief eingegangen und wann er beantwortet wurde. Archive sind eine Gelegenheit, Gewissenhaftigkeit zu demonstrieren, und es ist klar zu erkennen: Dies ist ein Ort diskreter und starker Konzentration.

Warum wurde so viel kopiert? Warum Durchschläge, beinahe gewichtslos?

Hier im fünften Stock der Rue de Monceau Nummer 63 befindet sich zwischen den Dienerzimmern ein mit tiefen, eichenholzvertäfelten Wandschränken ausgestatteter Raum. Laut den Plänen des Architekten aus dem Jahr 1910 war dies der *ancien garde-meubles*, der alte Abstellraum. Jeder Schrank ist voller Aktenordner, Bände mit Briefen und Schachteln mit Fotografien. Einige Ordner liegen doppelt übereinandergestapelt. Eine ganze Welt. Eine Familie, eine Bank, eine Dynastie.

Ich würde gerne fragen, ob Sie jemals etwas weggeworfen haben.

Ich finde Briefe über Restaurantbesuche mit Feinschmecker-Freunden. Ich finde Anweisungen an die Gärtner für die jährliche Neubepflanzung des Gartenparterres, Instruktionen für Ihren Weinhändler, für den Buchbinder, wie er Ihre Ausgaben der *Gazette des beaux-arts* in makelloses rotes Saffianleder zu binden hat, Hinweise zur Aufbewahrung von Pelzen, Instruktionen für den Tierarzt, den Fassbinder, den Floristen. Ich finde Ihre Antworten an die Kunsthändler, die täglich schreiben.

Hier sind Ihre Notizbücher zu den Ankäufen. Das erste überschrieben mit »XXX 1907–22 Novembre 1926«. Das zweite »3 Janvier 1927–2 Août 1935«. Sie sind akkurat.

Ich finde Frachtverzeichnisse, Verzeichnisse für Menschen als Fracht.

Ich finde die Verzeichnisse für Ihre Tochter. Für Ihren Schwiegersohn. Für deren Kinder.

Das ist schwierig für mich.

III

Lieber Freund,

da ich zum Großteil Engländer bin, würde ich Sie gerne nach dem Wetter fragen.

Ich möchte mich nach dem Wetter in Konstantinopel erkundigen und nach jenem draußen im Forêt d'Halatte, wo Sie an Wochenenden mit den Lyons-Halatte in blauer Livree auf die Jagd gehen; wie das Wetter ist in Saint-Jean-Cap-Ferrat und draußen auf dem Meer. Böig. Ich weiß, dass Sie eine ziemlich prächtige Jacht hatten, bin mir aber nicht sicher, ob das eine Erwerbung war, wie sie ein Plutokrat eben tätigt, oder die eines Liebhabers. Eigentlich möchte ich mehr über Ihre Besessenheit von Geschwindigkeit wissen. Dieses Dahinrasen im neuesten Automobil, gegen den Wind ankämpfend, das Rennen Paris – Berlin, alles fliegt vorüber, während Frankreich im Staub Ihrer Renault-Landaulet-Limousine verschwindet. 1895 sitzen Sie da hoch droben mit Kappe und Schutzbrille und ledernem Automantel, eine Decke über den Knien, bereit, die Welt zu erobern. Es ist ein sonniger Tag. Die Schatten des Autos fallen lang. Die Straße ist leer.

Ich denke nach über das Wetter auf den Guardis, die Sie für das *petit bureau* gekauft haben, das kleine Arbeitszimmer; die Gondolieri kämpfen gegen den Wind an, vorbei an der Piazza San Marco. Die Wimpel flattern. Die Lagune ist von empiräischem Jadegrün.

Ich möchte Näheres über das Porzellanzimmer wissen, in dem Ihre Sèvres-Service, *les services aux oiseaux Buffon,* auf sechs Borden in Schränken ausgestellt sind, die den Raum umschließen, wo Sie alleine zu Mittag essen – blicken Sie aus dem Fenster und sehen Sie die Bäume sachte schwanken, in Ihrem Garten und dahinter im Park Monceau? Es sind Eschen, sie wurden gepflanzt, als Ihr Vater und Onkel 1870 hierhergezogen sind.

Die Blätter der Eschen sprießen ziemlich spät.

1913 pflanzten Sie Ahorn, Glanz-Liguster und dunkelrotblättrige *Prunus cerasifera* »*Pissardii*«, Blutpflaumen. Sie haben natürlich vorausgedacht.

So fragen Engländer einen nach dem Befinden. Wir reden übers Wetter. Und über Bäume.

Ich werde wieder fragen.

IV

Lieber,

ich merke, dass ich mir nicht ganz sicher bin, wie ich Sie anreden soll, Monsieur le Comte.

Ich blättere Briefe von Händlern und Kaufleuten durch, die um Ihre Aufmerksamkeit buhlen, um Ihren Ehrenschutz bei der Jubiläumsausstellung, Ihre Güte, mit der Sie gestatten mögen, Ihnen diese Rechnung zuzusenden; darin werden Sie auf diverse bombastische Arten angesprochen. Mir gefällt der akademische Gruß, den ich heute Vormittag gefunden habe, ein Gruß von einem Freund aus dem Club des Cent, der Sie auf ein gastronomisches Abenteuer in einem privaten Speisewagen einlädt: »*Mon cher Camarade*«.

Bei solchen Fragen bin ich hin- und hergerissen zwischen dem Wunsch, niemanden zu beleidigen, und dem, keine Zeit zu verschwenden. *Monsieur* ist eine Möglichkeit, es ist würdevoll und könnte zu *Cher Monsieur* führen.

Also werde ich Sie nicht Moïse nennen. Und Sie mit Camondo anzusprechen würde stentorgleich klingen, eine gebellte Begrüßung über den Bibliotheks- oder Esstisch hinweg. Ich weiß, dass wir über komplizierte Wege miteinander verwandt sind, aber das kann warten. Also schreibe ich Ihnen als *Freund*.

Wir werden sehen, wie wir miteinander auskommen.

Ich habe auch ein eigenartiges Gefühl, wenn ich jetzt unterzeichne –

V

Lieber *Freund*,

Ich möchte Ihnen eine Frage zum Teppich der Winde stellen. Er liegt im *grand salon*, dem großen Salon mit Blick auf den Park.

Es ist einer von 93 Teppichen, gewebt zwischen 1671 und 1688 von der Savonnerie-Manufaktur für die *Galerie du Bord de l'Eau* im Louvre. Dieser hier ist der fünfzigste. Die vier Winde blähen die Backen und blasen in ihre langen Hörner, die Luft ist verknotet und verzwickt durch Bänder und Juno und Äolus. Kronen und noch mehr Trompeten und zerfließende Blumenkaskaden und steifer Akanthus, der alles umrahmt, und alles ist golden und blau, von der Farbe des Windes an den Kais von Galata draußen am Meer. Es hat etwas Frühmorgendliches, erfrischend.

Es war ein längerer Teppich, damals, als Sie im Haus der Heimendahls – ebenfalls Financiers – in der Rue de Constantine zum ersten Mal darauf traten, und als diese in finanzielle Schwierigkeiten gerieten, haben Sie ihn ihnen abgekauft. Es freut mich, dass Charles Ephrussi Ihnen beim Kauf behilflich war, denn er kannte Sie und die Heimendahls, kannte jeden, konnte mit solchen Angelegenheiten auf charmante Weise umgehen und Dinge in die Wege leiten. Charles ist mir wichtig, jener Verwandte, der mir den Anstoß zu meinen Abenteuern gab.

Und wahrscheinlich möchte ich wissen, ob Sie das bemerken. Bemerken, dass Sie auf Luft wandeln.

Über das Ausatmen.

VI

Lieber Freund,

weil da draußen ein Pariser Frühling herrscht, möchte ich alle Fenster Ihres hinreißenden goldenen Hauses aufstoßen.

Und es gibt eine Menge davon. Die Fassade zur Rue de Monceau hin ist sieben Fenster breit, Ihr Architekt hat sie der reduzierten Eleganz des Petit Trianon in Versailles nachempfunden, doch auf der Seite zum Park hin sind es, ein brillanter Einfall, fünfzehn; dort werden aus der geraden Fassade zwei Flügel, die eine große, halbrunde und von korinthischen Pilastern gestützte Bucht einrahmen. Dies ist ein Haus, das man ohne Plan nicht verstehen kann. Und vergeben Sie mir die Anmaßung, aber stellen Sie sich die Luft vor, wie sie sich bewegt, wie sie um diese Räume streicht und diese geschwungene Treppe emporfließt, wie sie die Winde auf den Gemälden und Tapisserien und auf dem Teppich der Winde zusammenführt. Und vielleicht war es nicht ganz richtig, mit diesem goldenen Teppich zu beginnen, aber ich fühle mich hier recht wohl, und vielleicht wollte ich Ihnen einfach zu dem schreiben, was unter Ihren Füßen ist: Hätte ich das ausgetüftelt, dann würde ich ein besseres Gefühl dafür haben, wo Ihr Anfang war.

Ich habe etliche Jahre in Ihrer Gesellschaft verbracht, und es scheint nur vernünftig, über Anfänge zu sprechen.

Sie wurden in einem »Steinhaus« in der Camondostraße Nummer 6 in Galata, Konstantinopel, geboren und verbrachten die ersten zwölf Jahre Ihres Lebens dort, mit Blick auf den Bosporus. Es gab »einen angrenzenden Pavillon mit einem Gebetsraum und Bädern, gegenüber dem Wintergarten«. Eine recht aufschlussreiche Herkunft. Nicht viele Menschen beginnen ihr Leben in einer nach ihrer Familie benannten Straße. Oder auch nur in einem Palais oder *hôtel* oder Palazzo, oder in einem Haus mit einem Oratorium, aber dazu kommen wir noch. Ein heikles Thema. Aber *Stein* suggeriert ein Distinktionsmerkmal. Dann finde ich noch ein wenig mehr heraus, dass nämlich Ihre Familie anscheinend ganz Galata in Besitz hatte und dass auf Ihren Großvater meine Lieblings-Treppenhäuser zurückgehen, diese geschmeidigen, ineinander verschlungenen Treppen, die aus den Abhängen hinaus und in sie hinein atmen. Ich habe seit Jahren ein Foto einer solchen Treppe, aufgenommen von Henri Cartier-Bresson, über meiner Töpferscheibe hängen. Ich pflegte hinaufzuschauen, die Hände mit Ton verschmiert, und zu denken, *anderswo*.

Wenn ich schon so hartnäckig darauf bestehe, mich von unten hinaufzuarbeiten, dann könnten wir mit Staub beginnen; ich weiß, dass Staub für Sie wichtig ist.

Am 20. Januar 1924 schreiben Sie in den »Instruktionen und Anweisungen für die Kuratoren des Musée Nissim de Camondo«:

> »Ich wünsche, dass mein Museum auf das Vortrefflichste instand und peinlichst sauber gehalten wird. Das ist keine einfache Aufgabe, nicht einmal mit erstklassigen Bediensteten, von denen genügend für diese Aufgabe vorhanden sein müssen; doch wird die Arbeit durch ein komplettes Staubsaugsystem erleichtert, das kostengünstig ist und wunderbar funktioniert. Wegen ihrer gründlichen Arbeitsweise sollte diese Reinigungsmethode nicht bei alten Teppichen, Tapisserien und Seide angewendet werden, doch sie ist äußerst zweckmäßig.«

Ihr Haus ist so sauber, so gerüstet in seinen Abwehrmaßnahmen gegen den Staub. Sie wollen nicht, dass die Zeit irgendetwas ändert, dass Licht die Tapisserien ausbleichen lässt, Hitze die furnierten Möbel verzieht, die Täfelung, die Parkettböden, dass Staub die Sammlung beeinträchtigt. Sie sorgen sich auch wegen Feuchtigkeit.

»An Regentagen sollte das Publikum durch die Schmiedeeisentore von der überdachten Einfahrt für die Autos her eintreten, die den Innenhof mit den Stallungen verbindet, welche auf den Boulevard Malesherbes führen. Zum Tor kommt man über eine breite gepflasterte Fläche, auf die man Matten legen und wo man Schirmständer aufstellen könnte.«

Das Wetter muss draußen gehalten werden, die Fenster geschlossen. Darüber werden wir noch einmal sprechen müssen.

VII

Lieber Freund,

es ist ja nicht so, dass ich nicht gern sauber wäre, ich fühle mich bloß zu Staub hingezogen. Staub kommt von irgendetwas. Er zeigt, dass etwas geschehen ist, zeigt, dass etwas aufgestört oder geändert wurde in der Welt. Er markiert die Zeit.

Vor ein paar Jahren wurde ich gebeten, mich an einer Ausstellung über Giorgio Morandi zu beteiligen. Ich besuchte Morandis Wohnung in der Via Fondazza in Bologna, wo er mit seiner Mutter und Schwester dreißig Jahre lang gelebt hatte, das schlichte Atelier, das man durch eine Tür vom Speisezimmer her betrat. Hier arrangierte er seine votivartigen Krüge und Vasen immer wieder neu und schuf Stillleben aus Blechdosen, wobei er ihre Positionen in der Choreographie mit Bleistift markierte. Und über diesen Objekten, schrieb John Rewald, ein Kunsthistoriker, der zu Besuch kam, lag ein »dichter, grauer, samtiger Staub, wie ein weicher Filzmantel, Farbe und Textur schienen das verbindende Element für diese hohen Flaschen und tiefen Schüsseln zu bilden … Es war ein Staub, der nicht das Ergebnis von Vernachlässigung und Unordnung war, sondern von Geduld, ein Zeuge vollkommenen Friedens … Der Staub, der sie bedeckte, war wie ein Adelsmantel.«

Sie wohnen ohne Vernachlässigung oder Unordnung, aber ich hoffe, Sie verstehen das »Zeugenhafte« daran. Ich bin mir sicher, dass der »Adelsmantel« zu Ihnen spricht.

Ohne Staub, Monsieur, ist es schwerer, die Spuren zu finden.

Ich blicke zurück auf die Spuren meiner Familie und denke daran, wie sie in einem Schtetl – staubig – begann und dann nach Odessa zog, an den Prymorskij-Boulevard mit Blick auf das Schwarze Meer. Und dann weiter an die Wiener Ringstraße und in die Rue de Monceau – zehn Häuser weiter oben in der Straße, wo Sie wohnen, hier in Paris. Und ich denke, dass sie auf einer riesigen Baustelle nach der anderen gelebt haben müssen. Ungepflasterte Straßen, Pferde und Karren und Kutschen und die Steinmetze, die außen am Haus und innen arbeiten, und dann die Zimmerleute und Gipser und Anstreicher und Vergolder, die alle ihre eigenen Wolken speziellen Staubs produzieren, ekelhaft im Winter und noch ärger im Sommer. Mit den Feuern in jedem Raum und den Gaslampen, die diesen schweißigen Ruß absondern, und dann den weichen Polstermöbeln des Second Empire – die gepolsterten Sitzflächen, all das opernhafte Trara an Vorhängen und Jalousien und Karniesen und herumhängenden Girlanden –, da muss sich überall Staub abgesetzt haben.

Soll alles staubfrei bleiben, muss man reich und anspruchsvoll sein und Bedienstete haben, um pausenlos die Spuren wegzufegen, die zeigen könnten, woher man gekommen ist.

Dies ist die parallel verlaufende, staubige Reise unserer Familien.

Ich lasse das jetzt sein.

VIII

Monsieur,

»Asche ist das allerletzte Ergebnis der Verbrennung, sie bietet keinerlei Widerstand mehr ... sie verkörpert die Grenzlinie zwischen Sein und Nichts. Sie ist eine erlöste Substanz, wie Staub«, so W. G. Sebald.

Ich verstehe diese Worte nicht ganz, aber sie verfolgen mich. Es wirkt, als wären sie nahe am Kern dessen, was ich Sie fragen muss.

IX

Und deshalb, Monsieur, muss ich nach den Spuren suchen.

Ich habe so viele Bücher gelesen, wie ich finden konnte, Kataloge und wissenschaftliche Artikel, von denen manche vernünftig klangen. Ich sah mich zu meinen alten Angewohnheiten zurückkehren, habe meine Bücher zum Thema Paris von den oberen Regalen heruntergeholt, um sie zur Hand zu haben, habe Notizbücher von vor zwanzig Jahren gesucht. Die Goncourt-Tagebücher sind wieder da. Proust ist wieder da, ein wenig Balzac und Huysmans, obwohl ich nicht weiß, ob ich den noch einmal ertrage. Und ich kann Ihnen versprechen, dass ich wirklich allerhand Laufarbeit erledigt habe, dazu, wie sich das Faible für *japonisme* in Paris Anfang des zwanzigsten Jahrhunderts verändert hat, zu den Salons und den *salonnières*, zur Dreyfus-Affäre natürlich, Édouard Drumont und der antisemitischen Presse, zu Duellen, Bizet, Bärten, Schnurrbärten, Flaneuren. Ich kann mit Ihnen durch die jüdischen Villen der Plaine Monceau schlendern. Ich weiß viel zu viel darüber, mit wem meine Verwandten vor einem Jahrhundert geschlafen haben.

Die Archive in den Dachgeschossen sind hilfreich, aber jetzt muss ich nach jenen Dingen suchen, die *nicht* katalogisiert und eingeordnet und fotografiert worden sind. Bei der Schenkung des Hauses und der Sammlungen waren Sie ziemlich bestimmt in Ihren Wünschen, entschieden bei der Planung dessen, wo Besucher hingehen und was sie sehen sollten.

Und was nicht zugänglich ist.

Ich habe *nicht* geschrieben, um zu erwähnen, dass es ein paar Dinge gibt, die ich an dem Haus nicht mag, Monsieur, weil es mir ein wenig impertinent scheint. Aber das Zeug mit den Bacchantinnen altert nicht sehr gut. Und dann ist da dieser ziemlich schauderhafte Akt über Ihrem Bett. Anscheinend eine Allegorie des Schlafes, aber recht reizlos, um ehrlich zu sein. Es geht hier eigentlich nicht um Geschmack. Es geht eher darum, dass diese Abfolge großer Räume so sorgfältig kalibriert ist, dass es ein konsequentes gravitationsbedingtes Hinauf und Hinunter gibt, in die Dachbodenräume und in die Keller, zu den Sachen, die wir nicht finden sollen, den Sachen, die Ihre Aufbereitung, Ihre Verbote überlebt haben. Danach bin ich auf der Suche.

Als ich den Spuren meiner eigenen Familie nachging, verstand ich das Haus in Wien erst dann so recht, als ich im Keller stand und die schwindelerregende Spirale der Dienstbotentreppe hinaufsah, der verborgenen Zirkulation von Menschen nach, die es am Funktionieren, über Wasser hielten.

Also beginne ich in den Küchen und arbeite mich durchs Haus, wobei ich die öffentlich zugänglichen Räume auslasse. Ihr Architekt René Sergent hatte eben den Umbau des Hotel Claridge in London fertiggestellt, als er diese Räume entwarf, und sie sind der letzte Schrei an Effizienz. Lüftung und Abwasseranlagen sind perfekt, die Türknöpfe in der Spülküche so gestaltet, dass sie genau in die Hand eines eiligen Küchenmädchens passen. Die Kacheln aus weißer Fayence schimmern. Der gusseiserne Herd wirkt so schnittig wie eines Ihrer neuen Autos in der Weite Ihrer Garagen. Alle Fenster haben Mattglas. Das Licht ist gedämpft.

Die Tür zur Personaltreppe ist diskret, kaum bemerkbar. Ein gefiederter Pfeil unter dem *escalier de service* weist den Weg zu einer sich um einen zentralen Aufzug windenden Metalltreppe. Ich gehe hinauf. Die erste Tür führt mich zur Anrichtekammer des Butlers mit den verzinkten Becken zum Waschen der Gläser. Eine kaschierte Tür führt in das Speisezimmer. Im nächsten Stock befinden sich die Gemächer des

Butlers, seine zweite Anrichtekammer und das Silberzimmer mit seinen leeren, samtüberzogenen Borden für Tafelsilber.

Pierre Godefin tritt 1882 als Butler Ihres Onkels in Ihren Dienst und bleibt bis 1935. In seinen Fenstern ist durchsichtiges Glas, man blickt von dort durch die Bäume hindurch auf den Park. An einem Brettchen hängen alle Schlüssel. Hier sitzt er und ordert Terpentin und Gämsenleder und Seidenpapier und Rosshaarbürsten und Kristall und Buhler-Polierpaste und Schleifstaub für Messer und Curémail-Badesalz und grüne Seife und Bodenwischtücher und Silberputzpulver von Goddard und Alkohol und Strohbesen. Monsieur Godefin bestellt Marmelade von Foucquet und *petits fours* von Boissier. Er kennt Sie.

Der nächste Stock und das Zimmer der Haushälterin, ein Fenster, das auf den Innenhof blickt. Und dahinter die *habillage de Mlle*, die Zimmer Ihrer Tochter Béatrice, und im durch die Läden einfallenden Licht eine Marmorsäule mit einem darangebundenen Gepäcksanhänger und Möbel unter Abdecktüchern, ein verlassener Stuhl, etwas Reparaturbedürftiges. Die Tapeten sind zart, grün, ineinander verschlungene Blüten: perfekt für das Schlafzimmer einer jungen Frau. Ihr Badezimmer ist unberührt. Ein Fries aus Delfter Kacheln mit Landschaften zwischen zwei gelben Streifen verläuft rund um den Raum. Ihr Bad steht in einer überwölbten Nische. Schatten umhüllen alles. Sehr behutsam schließe ich diese Tür.

Der fünfte Stock, die Dachkammern – Raum um Raum für Tisch- und Bettwäsche, fürs Wäschewaschen, einer für Gepäck, einer für Truhen. Die Schlaf- und Badezimmer des Personals. Die Ankleideräume mit den tiefen Eichenschränken, wo Ihre Kleidung aufbewahrt wurde und die Ihr Schlafzimmer und jenes Ihres Sohnes Nissim mit diskreten Wendeltreppen verbinden, *escalier du valet de chambre*. Hier befindet sich jetzt das Archiv.

Die steinernen Balustraden, die das Dach vom Park und der Straße her verbergen, haben zur Folge, dass Licht hier nur in Kopfhöhe einfällt. Ein Schrank steht hier mit aufgereihten zerbrochenen Glühbirnenfassungen. Noch einige kaputte Stühle. Ich öffne eine Tür und finde Louis-Vuitton-Gepäckstücke aus den 1920ern.

An einer Bank in einem Flur hängt die Beschriftung *l'Art Nouveau Bing 22 rue de Provence Paris*. Ein verbogenes Emailschild, *Toilettes Fils domestiques*, ist in einem leeren, rosa getünchten Raum in Bodennähe angenagelt. Ein Türgriff mit dem Anhänger F1. Leere.

Erinnere dich daran. Halte den Faden, wie er sich durch deine Hand schlingt, ein Strang, er läuft in sich selbst zurück. Er scheint nichts zu wiegen, zu verschwinden. Er hält die Geschichte, Ihre Geschichte, Monsieur, Ariadnes Faden.

X

Lieber Freund,

wie Sie inzwischen erraten haben mögen, bin ich nicht zufällig in Ihrem Haus. Ich kenne Ihre Straße ziemlich gut.

Eigentlich – darf ich das Englischsein mal ein wenig links liegen lassen? – kenne ich Sie *wirklich* gut. Ich geniere mich bloß ein wenig dafür, wie viel Zeit ich in der Rue de Monceau verbracht habe, wie viele Tage ich dafür aufgewendet habe, über Sie nachzulesen, Sie heimzusuchen.

Es begann vor zwanzig Jahren an einem Morgen, dem heutigen nicht unähnlich. Ich ging langsam vom Boulevard Haussmann an der einen Seite die Straße hinauf bis zur Rue de Courcelles, zu dem Teil, wo es interessant zu werden beginnt, und dann vorbei an der kleinen Kurve zum Park Monceau, ein grüner Fleck am Ende der Avenue Ruysdaël. Dann vorbei an der riesigen »Monstrosität« Ihres Onkels Abraham auf Nummer 61 und Ihrem eleganten Tor auf Nummer 63 hinauf zum Boulevard Malesherbes und hinüber zum goldenen Hügel der Villen, die vor der Nummer 81, dem Hôtel Ephrussi, zehn Häuser aufwärts vom Hôtel Camondo stehen oder herumlungern, wie man sagen könnte.

Ich hatte von meinem geliebten jüdischen Großonkel Iggie Ephrussi eine Kollektion japanischer Netsuke geerbt – 264 kleine, verzwickte und verführerisch anzugreifende Elfenbein- und Holzschnitzereien –, und dann hatte mich der Zwang erfasst, zu verstehen, wo in meiner Familiengeschichte sie ihren Platz hatten. Diese Sammlung hatte hier begonnen. Ihr Freund Charles Ephrussi hatte sie gekauft und in einer Vitrine in seiner Suite neben den Gemälden seiner Impressionisten-Freunde aufbewahrt. Die Geschichte begann in der Rue de Monceau. Sie führte mich auf eine Reise quer durch Europa und zweihundert Jahre zurück. Nun bleibe ich draußen stehen, wenn ich wiederkomme, und lege zärtlich eine Hand an das Haus.

Das ist es, was diese Straße so besonders macht: Es ist eine Straße der Konversationen, eine Straße der Anfänge. Niemand ist zufällig hier. Sie gehört zu einem neu erschlossenen Gebiet in einem unauffälligen Pariser Viertel, 1860 von den Brüdern Pereire angelegt. Es existiert bereits ein Park, den sie in der englischen Manier neu gestalten mit einem kleinen See samt Brücke und adretten Beeten voller einjähriger Blumen, die gepflegt und erneuert und gejätet werden müssen, sodass immer Gärtner zugegen sind, Kopf nach unten, dazu mäandernde Wege, wo die »großen Damen des vornehmen Faubourg ... die weiblichen ›Bebilderungen‹ der ›Haute Finance‹ und der ›Haute Colonie Israélite‹ herumspazieren«. Bänke stehen da, günstig für Verabredungen. Aber mit den Jahren wird der Park ein wenig überladen, voller Brunnen und Denkmäler: Maupassant mit einer hingelagerten Anbeterin, Gounod hat deren drei, tragisch dreinblickend, Ambroise Thomas und Alfred de Musset kommen mit je einer aus. Chopin gewinnt, er hat noch ein Klavier zusätzlich.

Um sechs sperren die Parkwärter die schwarz-goldenen Tore auf. Es sind prächtige Tore.

Die jüdischen Familien, die in dieses Viertel ziehen, stammen von woanders her. Dieser Ort bietet die Möglichkeit, seine Familie ins säkulare, republikanische, tolerante, zivilisierte Paris zu versetzen und mit Selbstvertrauen etwas aufzubauen, etwas in gebührendem Maßstab, etwas Öffentliches.

Beide unsere Familien, die Ephrussi und die Camondo, kommen 1869 nach Paris, meine aus Odessa, Ihre aus Konstantinopel, und beide unsere Familien erwerben im selben Jahr Grundstücke in der Rue de Monceau. Auf Nummer 55 befindet sich das Hotel Cattaui, Wohnsitz jüdischer, aus Ägypten stammender Bankiers. Auf der anderen Straßenseite wohnen ein paar Rothschilds, zwei der drei plutokratischen und gelehrten Brüder Reinach leben direkt neben dem Park. Henri Cernuschi, er wohnt direkt Ihnen gegenüber, ist kein Jude, doch wegen seiner politischen Ansichten aus Italien ins Exil gegangen. Auch Künstler und Schriftsteller sind hier. Auf Nummer 31 hält Madame Lemaire an Donnerstagen ihren Salon ab, wo die sich drängenden Gäste zugleich ihre Blumenaquarelle und sich selbst bewundern können. Proust wächst um die Ecke auf und spielt im Park Monceau, gebackene Kartoffeln in den Hosentaschen, um sich im Winter warm zu halten. Theodor Herzl, der Schöpfer des Zionismus, wohnt während der Dreyfus-Jahre auf Nummer 8 in der Rue de Monceau.

Selbst heute noch ist es hier ziemlich schick. Die Schule begann gerade, als ich gleich morgens ins Archiv ging, und die Straße war voller Kinder mit Eltern und Au-pair-Mädchen und einer lächerlichen Menge an kleinen Hunden mit ihrem Kreiseln und Wirbeln von Neugier und Rückzug. Eine Straße voller Konversation und Tassen Kaffee.

Das schreibt Ihnen ein Londoner. Wir wohnen gegenüber von einer Schule, und zu dieser Tageszeit ist unsere Straße voller Monsterautos und zuknallender Türen, verdammt noch mal.

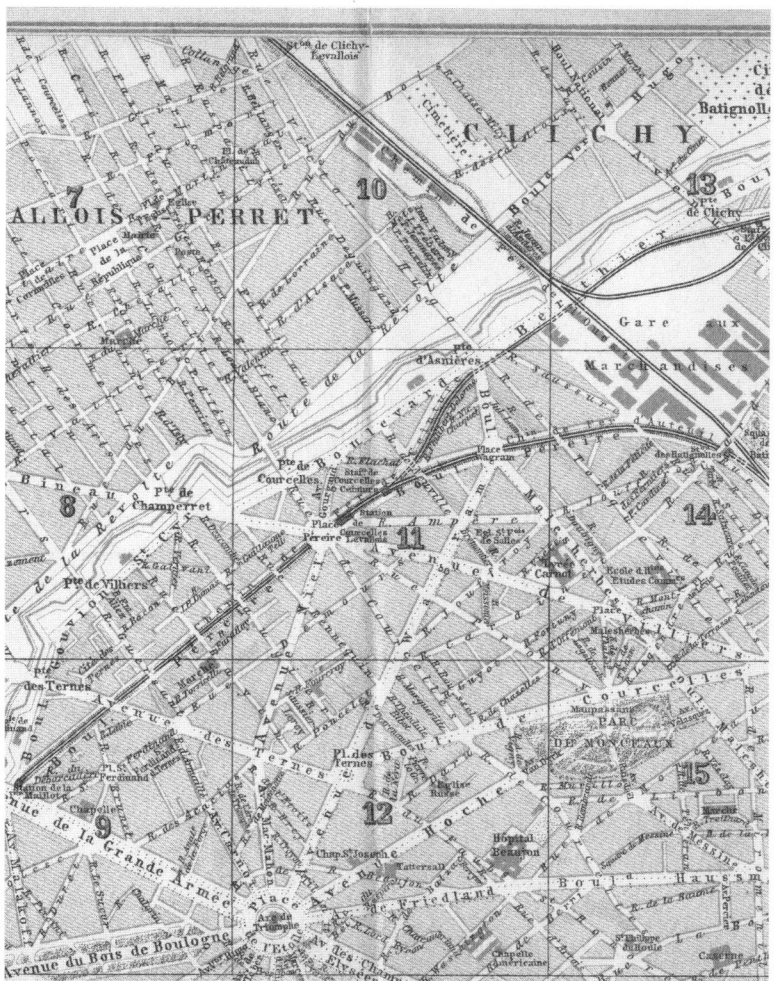

XI

Lieber Freund,
Ihre Familie kommt zur selben Zeit nach Paris wie die meine.
Schnapp, wie einer meiner Söhne sagt.
Ihr Vater Nissim de Camondo und Ihr Onkel Abraham-Behor erwerben zwei angrenzende Grundstücke am Park Monceau. Ihr Vater beauftragt den hoch in Mode stehenden Denis-Louis Destors, die bereits existierende Villa auf Nummer 63 umzubauen, und Ihr Onkel Abraham auf Nummer 61 lässt Destors ein riesiges Palais errichten, mit korinthischen Säulen und einem schönen Mansardendach, gekrönt von einem gläsernen Ochsenauge. Und eine Wetterfahne anbringen. Ein wuchtiger gläserner Baldachin sorgt dafür, dass man vor den Elementen geschützt ist. An der Gartenfront zum Park hin stehen einige Karyatiden, dazu gibt es noch ein beinahe zwei Stock hohes Glashaus.
In *La Curée (Die Treibjagd)*, erschienen 1872, beschreibt Zola eine dieser Villen giftig als »noch neues und blasses« Haus und als einen »Bastard sämtlicher Bauarten«. In diesem Roman lebt dort Saccard, ein raffgieriger Financier, schmiedet Pläne und spekuliert. Das Dach des Palais, bemerkt Zola, ist die »Krone dieses architektonischen Feuerwerkes«.
Im Haus Ihres Vaters auf Nummer 63 hängt ein Porträt Ihrer Cousins mit ihrer Gouvernante. Es zeigt sie unter Palmen und schweren, geschnitzten Polstermöbeln auf einem Perserteppich mit ein paar vage klassisch anmutenden Statuen und verstreuten *japonaiseries* – einer

Bronze-Schildkröte und einem zweieinhalb Meter hohen Bronze-Storch.

Walter Benjamin beschrieb das Arrangement von Möbeln in einem herrschaftlichen Haus wie diesem als »Lageplan der tödlichen Fallen (...) die Zimmerflucht schreibt dem Opfer den Fluchtplan vor«.

Über dem Kaminaufsatz in der enormen Abfolge der in einer Enfilade aufgereihten Räume steht eine Uhr mit Bronzefiguren, die den Wohlstand symbolisieren. Kassettierte Plafonds mit allegorischen Szenen von Wissenschaft und Industrie und dem Triumph der Zivilisation und Kronleuchtern, und jeder Sessel ist ein Fürstenthron. Die Treppe wetteifert mit jener in der Opéra Garnier. Eines ist über das andere gehäuft: Karyatiden tragen Goldbronzekonsolen, die wiederum vasenförmige Gasleuchter stützen. Holländische Gemälde und chinesisches Porzellan. Vier flämische Tapisserien aus dem 17. Jahrhundert, sie stellen den Gang durch das Rote Meer, das Goldene Kalb, Moses und Aaron sowie Josef und seine Brüder dar. Alles in diesem Haus ist in Großbuchstaben, unterstrichen, gehöht.

Auf der gegenüberliegenden Hofseite steht ein kleineres *hôtel* für Abrahams Sohn Isaac, Ihren älteren Cousin und Freund.

Die Camondo-Häuser kann man nur über die hohe Mauer an der Rue de Monceau hinweg erspähen. »An den Sommerabenden, wenn die untergehende Sonne das Gold der Rampen, Gitter und Girlanden erglänzen machte«, schreibt Zola, »blieben die Spaziergänger des Parkes stehen, betrachteten die roten Seidenvorhänge an den Fenstern des Erdgeschosses«. Es gab auch einen wüst antisemitischen Roman von Guy de Charnacé über die Familie eines jüdischen Bankiers mit dem Titel – ja, wirklich – *Le Baron Vampire*. »Der Park Monceau, der an seinen Besitz angrenzte, störte ihn; er zweifelte nicht, dass er ihn irgendwann von irgendeiner Commune erwerben würde.«

Und, Monsieur, ich sehe mir das alles an und kenne es. Es ist unser Familienhaus in Wien, das Palais Ephrussi. Jüdische Themen – die Vernichtung der Feinde Israels, die Krönung der Esther –, gemalt auf die kassettierte Decke des Ballsaals; eine Statue des Apollo im Innenhof, Marmor, Gold und Grandezza. Man überschreitet die Schwelle, und da ist das in den Boden eingelegte Doppel-E für Ephrussi. Alles in diesem Haus in Großbuchstaben, unterstrichen, gehöht.

Alles dynastisch, ein Lageplan der tödlichen Fallen.

Ich glaube, an unserem Palais sind mehr Karyatiden.

Schnapp.

XII

Monsieur,

jeder hier rund um den Park Monceau scheint ein Cousin zu sein. Das kann man wohl mit Fug und Recht annehmen.

Man treibt Geschäfte mit X, verbringt mit Y einen Monat in den Bädern von Aix und geht mit Z auf die Jagd. Da ist die Synagoge für die Bar Mizwas und Hochzeiten – arrangierte Hochzeiten – der Kinder, für Trauerfeiern und Feste. Vor fünfzig Jahren haben ihre Väter miteinander Geschäfte in Getreide oder Eisenbahnen gemacht. Ihre Mütter waren irgendjemandes Tochter dabei behilflich, eine gute Partie zu machen. Warum sollten sie nicht dabei helfen, einen jüngeren Sohn unterzubringen, seinen Namen in einen Club einschreiben zu lassen?

Dies ist Paris, und deshalb sind diese Clans kompliziert. Und Ihrer – unserer – ist byzantinisch, levantinisch.

Ich könnte irgendwo anfangen, aber ich beginne mit Louise Cahen d'Anvers. Sie verdient es, als Erste dranzukommen.

Louise ist schön, hat rotgoldenes Haar, »wie auf dem Porträt der MÄTRESSE DES TIZIAN«, notiert Edmond de Goncourt nach einem Besuch in ihrem Salon in sein Tagebuch. Niemanden kann man so leichthin mit diesem Bildnis einer goldenen, schwülen Schönheit vergleichen. Er notiert, wie sie »mit träge-katzenhaften Bewegungen in ihrer Vitrine voller Porzellan- und Lackgegenstände herumfischte und mir einige in die Hand drückte«. Laut dem Romancier Paul Bourget ist sie »*La muse alpha*«, Mittelpunkt einer ständig wechselnden Konstellation von Schriftstellern, Künstlern, *mondains*.

Louise ist verheiratet mit Louis Raphaël, Comte Cahen d'Anvers, einem jüdischen Bankier, sie hat vier Kinder und lebt in großem Pomp in dem von Destailleur an der Kreuzung der Rue de Bassano mit der Avenue d'Iéna im 16. Arrondissement errichteten Hôtel Cahen. Die beiden haben auch das schöne Château de Champs-sur-Marne erworben und renovieren es mit großem Elan.

Wenn man in solchem Maßstab kauft oder baut, muss man auch entsprechend einrichten, und so könnte das der passende Moment sein, um mit Ihnen über Porträts zu sprechen. Während ich dies schreibe, blickt ein in den 1880ern von Eduard Angeli gemaltes Bildnis meiner Urgroßmutter auf mich herab. Sie wirkt hochnäsig. Trägt eine Menge Perlen. Angeli war gut in Perlen; er kannte seine Klientel. Ich denke an Ihre Familie und an meine und ihr Bedürfnis, Porträts zu besitzen, zu sehen, woher sie kamen. Hatte man keinen langen Gang in irgendeinem zugigen Schloss mit Kaskaden von zur Schau gestellten Generationen, dann fing man besser an, machte sich an die Arbeit. In Bourgets Roman *Cosmopolis* bemerkt ein Besucher über die Kunstsammlung eines jüngst geadelten jüdischen Sammlers, »Ja, da gibt es zwei schöne Ahnenbilder, aber dieser Mann hat keine Ahnen!«

Wenn man Carolus-Duran in seinem Atelier am Boulevard du Montparnasse Modell sitzt, macht er einen salontauglich. Bei Bärten ist er gut, Frauen lässt er hochgewachsen wirken. Er hat Ihren Onkel gemalt, Ihren Vater, die meisten Cahen d'Anvers – Louise sieht hinreißend aus – und wer weiß wie viele amerikanische Erbinnen.

Bourget war Louises Liebhaber, das könnte seine höhnische Bemerkung über Ahnen erklären, jetzt aber ist es Charles Ephrussi. Die Brüder Goncourt, sie scheinen allgegenwärtig, treffen auf Charles und Louise, die eng nebeneinander im Hinterzimmer eines modischen Händlers japanischer Kunstgegenstände stehen. Er kauft seine Netsuke-Sammlung mit ihr, für sie, um sie zu beeindrucken. Gemeinsam sammeln sie japanische Lackarbeiten, besuchen die Oper, Salons und endlose Feste. Als Louise noch einen Sohn bekommt, nennt sie ihn

Charles, was meinem bourgeoisen Engländertum recht nonchalant und mondän in Sachen familiärer Gepflogenheiten vorkommt.

Charles Ephrussi versucht seinen am Hungertuch nagenden Künstlerbekanntschaften behilflich zu sein. Großzügig sammelt er Werke von Degas, Pissarro, Morisot, Sisley, Monet, Renoir, schreibt bestechend über sie in der *Gazette des beaux-arts*, berät sie bei Ausstellungen. Und er hilft, indem er ihnen seine Freunde aus der großen Welt vorstellt und diese überzeugt, Porträts in Auftrag zu geben. Zwei seiner Geschwister und eine Tante werden von Renoir gemalt, und dann überredet Charles Louise, auch ihre Kinder malen zu lassen.

Irène, die älteste Tochter, ist 1880 das erste Modell, sie ist damals acht Jahre alt. Sie ist dargestellt mit langem rotgoldenen, mit einem blauen Band zusammengehaltenen Haar, das ihr über die Schultern und über den Rücken fällt. Sie blickt nachdenklich drein, ein wenig gelangweilt, die Hände sittsam im Schoß gefaltet, sie trägt ein Kleid in Silber und Blau. Sie sitzt im Garten des Hauses in der Rue de Bassano.

Im nächsten Jahr werden die jüngeren Mädchen, Alice und Elisabeth, gemalt. Sie sind sechs und fünf Jahre alt, tragen feine Kleider mit rosa und blauen Rüschen mit üppigen passenden Schärpen, sie halten einander zur Beruhigung an den Händen, hinter sich einen langen Vorhang. Zwei in einem riesigen Salon gestrandete Kinder.

Elf Jahre später heiraten Sie, Monsieur le Comte Moïse de Camondo, das Mädchen mit dem langen rotgoldenen Haar, Mademoiselle Clara Irène Elise Cahen d'Anvers.

Irène ist eben neunzehn geworden, Sie sind einunddreißig.

XIII

Also, Monsieur,

ich will ja nicht darauf herumreiten, aber ja, sie ist erst neunzehn, und Sie sind einunddreißig, und dies ist eine passende dynastische Verbindung.

Laut einem japsenden Zeitungsbericht vom 10. Oktober 1891 über Ihre Hochzeit trägt die Braut »*une toilette en satin blanc, garnie de vieille Alençon posé en biais sur la jupe et retenu de distance en distance par des bouquets de fleurs d'oranger*«. Die Trauzeugen und Gäste – eine Reihe von Rothschilds, Oppenheimers, Foulds und Ephrussis – kehren von der Synagoge zum Diner ins Hôtel Cahen d'Anvers zurück, und am Abend reisen Sie nach Cannes ab, wo Sie »bis Mai bleiben werden«. Gute acht Monate Flitterwochen also.

Sie kennen sich in den Familiengeschäften sehr gut aus, sprechen perfekt Englisch, sind gewandt bei der Fuchsjagd, tragen wegen eines Jagdunfalls eine recht verwegen aussehende Augenklappe und sind, wie man allgemein hört, ein äußerst angenehmer Unterhalter. Aber über Irène viel herauszufinden fällt mir schwer, außer dass sie reitet.

Charles Ephrussi stellt Ihnen und Ihrer jungen Frau eine Wohnung zur Verfügung, in einem weitläufigen Gebäude in der Rue d'Iéna, wo Sie hingezogen sind. Es steht zweihundert Meter von einem weiteren Haus der Ephrussi und ebenso weit vom *hôtel* Ihrer Schwiegermutter. Alles *sehr* intim.

Irène zieht zweihundert Meter weit weg vom Haus ihrer Eltern. Das wollte ich bloß noch einmal gesagt haben.

Sie und Ihr Schwiegervater kaufen gemeinsam eine riesige Jacht, *Le Geraldine*. Außerdem kaufen Sie Ihr erstes Auto, einen Peugeot mit einem Panhard-Levassor-Motor.

Ein Jahr nach der Hochzeit wird Ihr Sohn Nissim geboren, Ihre Tochter Béatrice zwei Jahre später.

Ich dachte, ich hätte dieses Herumflanieren in Paris ein für alle Mal aufgegeben – ich habe schließlich andere Interessen –, aber nun bin ich wieder in Ihrer Straße, diesem Hügel der Familien, schreibe an Sie, spreche mit den Toten, archiviere.

In den letzten zwanzig Jahren scheine ich mir schrecklich viele Cousins und Cousinen zugelegt zu haben. Ich erhalte Briefe.

XIV

Und, Monsieur, sieben Jahre später brennt Irène mit Graf Charles Sampieri durch, ihrem Reitlehrer und Stallmeister im Rennstall der Camondos. Das einzige Bild, das ich finde, zeigt eine längliche Gestalt mit Zylinder bei einem Pferderennen, eine behandschuhte Hand hält einen Bambusgehstock. Er hat einen blonden Schnurrbart, und ich traue ihm nicht. Es ist bitter, aber er ist ungefähr gleich alt wie Sie. Sie tritt zum Katholizismus über.

Ihre Scheidung ist eine unerquickliche und öffentliche Angelegenheit und zieht sich lange hin. Erst am 8. Januar 1902 wird sie endgültig ausgesprochen. Die zwei Kinder werden bei Ihnen leben.

Sie verkaufen die Jacht.

Am 4. März 1903 schreibt Ihre Ex-Frau an die Kinder:

Mes chéris, comme je vous l'ait dit l'autre jour, je vais m'absenter pendant quelques semaines en Italie. Je vous annonce une nouvelle qui ne vous étonnera pas, car vous vous y attendiez! Je me suis mariée l'autre jour avec M. Sampieri.

Also *so* teilt man Kindern mit, warum man die letzten paar Wochen nicht da war. Und dass man geheiratet hat.

Im Dezember bekommen Graf und Gräfin Sampieri eine Tochter, Claude Germaine. Und dann trennen sie sich.

Das reicht jetzt, denke ich. Mehr als genug für einen Brief. Es tut mir leid.

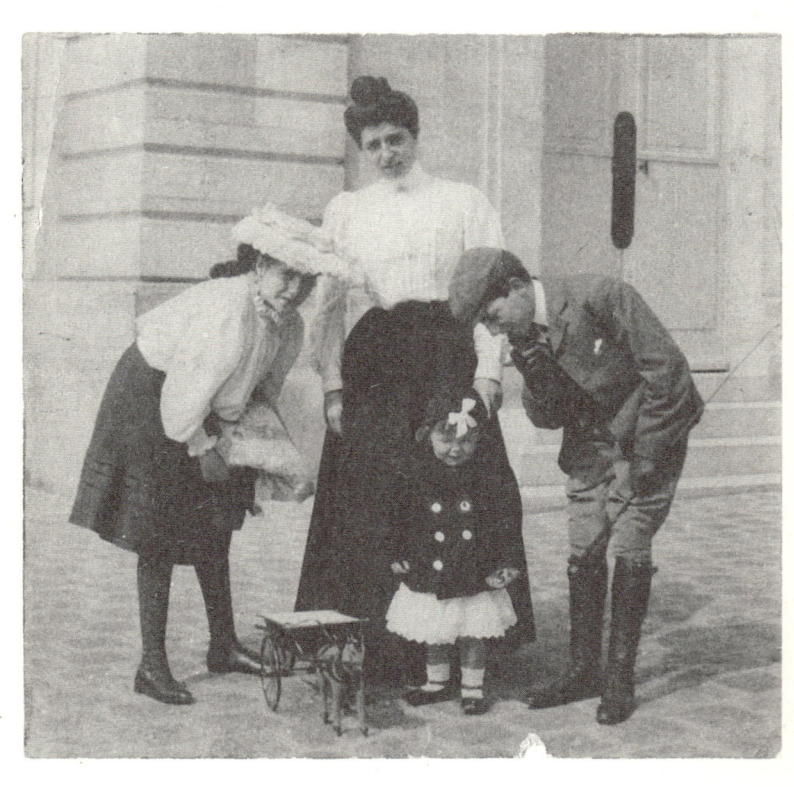

XV

Eigentlich, Monsieur, wollte ich zum Thema Familien und Cousins und Dynastien darauf hinweisen, dass Édouard Drumont, der außerordentlich populäre Cheerleader des französischen Antisemitismus, annimmt, wir wären alle verwandt.

»*Les Rothschild, Erlanger, Hirsch, Ephrussi, Bamberger, Camondo, Stern, Cahen d'Anvers ... membres de la finance internationale*«, so in seinem unglaublich erfolgreichen Buch *La France Juive*, lebten in zu großem, unangemessenem Prunk. Das Buch erlebt zweihundert Auflagen. *Sie* sind alle verwandt, behauptet er. *Sie* sind kosmopolitisch, kommen von irgendwoher, sind keine richtigen Franzosen, tun nur so.

So arbeitet Drumont. Jeder Jude trägt die Verantwortung für jeden anderen Juden, ist schuldig. Und heimtückisch. *L'Affaire Dreyfus* macht uns alle zu Cousins.

L'Affaire lässt Ihre Nachbarn, die Brüder Reinach, noch mehr an die Öffentlichkeit treten.

Es sind außerordentliche Gelehrte. Ihr in einem volkstümlichen Lied geprägter Spitzname lautet »Je Sais Tout« (Joseph, Salomon und Théodore). Es sind die Brüder »Ich-weiß-alles«.

Joseph, der Älteste, wurde als Anwalt ausgebildet, bevor er politische Kampagnen initiierte, sich etwa für die Abschaffung öffentlicher Hinrichtungen einsetzte. Er ist ein leidenschaftlicher Verteidiger von Demokratie und Republikanismus: Frankreich sei das Land der Toleranz, das Land der Gleichheit. Er ist ein wichtiger Unterstützer von Dreyfus, berichtet täglich über dessen Prozess und verfasst den maßgeblichen

Bericht über die Affäre. Er wurde von Anti-Dreyfusianern verprügelt, hat sich um seine Ehre duelliert, wird täglich in *La Libre Parole* attackiert. Leute schreiben ihm, dass sie seinen Tod wünschen. Ja, sogar Priester schreiben und fordern dazu auf, ihn in die Gosse zu werfen, ihn lebendig zu häuten, ihn in einen Viehwaggon zu stoßen. Reinach wird zum Synonym für Dreyfus: »Wird Reinach geschlagen, ist das Judentum tot; wird Drumont gewählt, wird Frankreich wiedergeboren. Lange lebe Frankreich für die Franzosen!«

Salomon ist Archäologe und Kulturhistoriker. Er ist strenger Rationalist, schreibt darüber, wie Mythen entstehen und sich verändern, warum wir glauben und über die Gefahren des Glaubens. Bei seiner Verurteilung von Pogromen und Inquisitionen, vom Wiederaufstieg des vom Katholizismus sanktionierten Antisemitismus greift er weit aus.

In seinem Buch über Orpheus schreibt er von »Justizmord, die verfluchte Frucht eines Geistes der Unterdrückung und des Fanatismus … Unter uns leben Zeloten, die diese Verbrechen immer noch verherrlichen und sie gerne fortgesetzt sähen … Wenn sie mein Buch attackieren, erweisen sie ihm und mir große Ehre … Die moderne Zivilisation braucht sich durch solche Relikte nicht aufschrecken zu lassen, sie darf sie aber auch nicht ignorieren.«

Salomon ist furchtlos, er veröffentlicht eine Kampfschrift, die Drumonts Fehler in gemessener Prosa auflistet.

Und Théodore ist der letzte Sohn. Mit großer Ernsthaftigkeit scheint er über alles und jedes zu schreiben, von Archäologie zu Musik, von jüdischer Geschichte zu Numismatik, eine öffentliche Figur in dieser Kommission und jenem Institut, panoptisch in seinen Interessen, in seinem Wirkungsbereich. Als Generalsekretär der Société des études juives und Gründer der Union libérale israélite ist er auch eine laute Stimme für die Assimilation. Er setzt sich für ein »verächtliches Schweigen« gegenüber den Drumonts in aller Welt ein. Als Franzose und Jude sollte man sich nie zu Beschimpfungen und Beleidigungen herab-

lassen. Ein wunderbarer Satz, und er hält sich daran. Théodore ist gedrungen und wird allmählich kahlköpfig. Er hält meinen Blick fest.

Ein *Reinach* zu sein bedeutet, dass man hervorsticht, kosmopolitisch ist, pausenlos als unauthentisch attackiert wird:

> »Man kann nicht irgendeinen Leven oder Reinach hernehmen und seinen Stil einbürgern, so wie man seine Person einbürgert; man muss seit Geburt vom Wein der Nation gesäugt sein, muss wahrhaft aus ihrem Boden erwachsen. Nur dann ... hat deine Wortwahl einen Geschmack von der Erde, kommt aus einem gemeinsamen Untergrund von Gefühlen und Ideen.«

Die Familie Reinach stammt aus dem Elsass; wie können sie so sprechen, wie Franzosen sprechen, echte Franzosen sein? In Frankreich bedeutet *Reinach* Jude.

Ihr Sohn Nissim besucht mit Théodores vier Söhnen Julien, Léon, Paul und Olivier die Schule, das Lycée Janson-de-Sailly.

Reinachs. Camondos. *Cousins.*

XVI

Cher Monsieur,
   Pferde.
   Viele Pferde und Hunde und die Jagden im Herbst und Winter, der Regen früh und die Kälte und der Geruch, der aus dem Wald aufsteigt. Sie jagen mit den Lyons-Halattes, »*par monts et vallons*«, über Stock und Stein. Die Livree ist prächtig, »*en redingote bleue, coiffé de bombes noires*«. Die Damen tragen Dreispitze.
   Sie lieben das. Ich durchstöbere Ihr Haus und erkenne die Hinweise. Sie kaufen die Skizzen Oudrys für die Gobelin-Wandbehänge, die für das Jagdschloss Ludwigs XV. in Compiègne gefertigt werden sollten. Diese Tapisserien sollten riesig sein und den König von seiner besten Seite zeigen, hoch zu Ross über den anderen. Der König geht nicht alleine auf die Jagd, und so warten zwischen den Bäumen Mitglieder seines Hofstaats mit Hörnern und Hunden auf ihn, um davonzusprengen. Und da gibt es noch die Jagdgemälde in Nissims Schlafzimmer, eine Skulptur und Fotografien von Béatrice zu Pferd.
   Nach der Scheidung kaufen Sie ein riesiges Gebiet mit Wäldern in der Nähe von Chantilly. Sie benennen das Herrenhaus in Villa Béatrice um, ziemlich rührend. In den Ställen stehen Ihre Jagdpferde Pascha und Jack und Patto und die Stute Mayqueen und die Ponys Sambo und Charlie und zwei Esel. Und es gibt Gebäudefluchten für Einspänner und Kutschen. Waffenzimmer und Kühlräume für Wild und das ganze Drum und Dran. Auf dem Gut gilt ein striktes Wildereiverbot.
   Ich bin wieder in den Archiven. Ich blättere die Seiten Ihrer Jagd-

Tagebücher durch, die Aufzeichnungen, wer dabei war, das Wild, das Sie erlegt haben, wem Sie es gesandt haben. Über die *chasse de 22 sept pleine de Malassise* heißt es in den Aufzeichnungen von 1909, dass acht Herren mit Ihnen jagen waren, darunter Monsieur Jules Ephrussi, und ihr schlachtet 102 Rebhühner und zehn Hasen ab. Ich bin nicht beeindruckt vom Schießen auf Hasen.

Wer sollte in diesen alten Wäldern jagen?, keifen die täglichen antisemitischen Tiraden in *La Libre Parole*, der populären Zeitung, die es sich zur Aufgabe gemacht hat, die Schandtaten der Juden aufzudecken. Es sei ein uraltes Recht, behauptet Drumont in *La France Juive*, und dies sei Besitzstörung. Und er fährt fort: »Das Schauspiel all dieser Träger vornehmer Namen, die sich, unter dem ironischen Lächeln der Bediensteten, hinschleppen und auf die Jagd reiten mit irgendeinem grotesken Juden aus Deutschland oder Russland, der sie gnädigerweise eingeladen hat ...«

Das ist das Falsche: der Jude zu Pferd. Wer jagt, wer sollte gejagt werden?

Pferde gehören zu Ihrem Leben. Die schwarze Augenklappe über Ihrem rechten Auge ist eine Trophäe von einem Jagdunfall in Ihrer Jugend. Sie wirkt ziemlich distinguiert und erleichtert es, Sie auf den Karikaturen der guten Gesellschaft ausfindig zu machen. Doch für Béatrice *sind* Pferde das Leben. Sie ist furchtlos, Vielseitigkeitsreiterin wie Jägerin. Diese Liebe gibt sie ihrer Tochter Fanny weiter, Ihrer Enkelin.

Auf dem letzten Foto Ihrer Enkelin im Archiv sitzt sie auf einem Pferderücken.

XVII

Lieber Freund,

ich lasse nun besser all diese Heiratsangelegenheiten sein, da ich Sie jetzt über den Verkauf aller Sachen befragen möchte, die Sie geerbt haben.

Es ist ziemlich verblüffend zu lesen, dass Sie alle die von Ihrem Vater geliebten Gemälde von Moscheen und Innenhöfen und Huris versteigern lassen.

Weg mit Pasinis *Eingang zu einer Moschee in Teheran*, Los Nr. 31 am 18. November 1910, Bestandteil einer drei Tage dauernden Aufräumaktion im Hôtel Drouot. Weg (um sehr wenig Geld) mit *Innenhof eines Hauses in Paris*, *Die Plünderung der Hagia Sophia in Konstantinopel* und all den Tschibuks und Hukas und jedem Stück osmanischer Textilien und Muster, die sich im Haus befinden. Der Schmuck und die *objets d'art* gehen in die Welt, ein Los nach dem anderen nach dem anderen.

Und dann beginnen Sie so ziemlich alles Übrige wegzugeben, was Sie mit Konstantinopel verbindet. Das Oratorium im Haus Ihres Vaters wird entkleidet. Könnte es einen biblischeren Ausdruck dafür geben? Und Sie spenden das Schmuckschild für die Thora, das Sie zu Ihrer Bar Mizwa erhalten haben, und die *Rimmonim* für die Thorarolle in graviertem Gold und den Chanukkaleuchter, den David Sassoon 1864 der Familie geschenkt hat. Sie geben den *coffre à rouleau de Torah* mit der hebräischen Inschrift »Dem angesehenen, geschätzten, vortrefflichen Fürsten Israels, R. Abraham aus der Linie Camondo« an den Temple

Buffault und vier im jüdischen Ritus verwendete orientalische und holländische Silbergegenstände ans Musée de Cluny.

So gut wie Ihre gesamte materielle Erbschaft haben Sie versteigert oder an Museen und Synagogen gespendet, und nun versuche ich herauszufinden, was Sie tatsächlich behalten haben und warum. Eine Garnitur schöner Teller mit Silberdeckung, die nützlich gewesen sein mag. Etliche kostbare hohe chinesische Porzellanvasen, die Sie aus der Auktion der Sammlung Ihres Onkels erworben haben. Ein paar Kerzenleuchter. Vier kleine Stickereien sind in den Paneelen der Scheintür zur Anrichte des Butlers angebracht.

Und dann, natürlich, lassen Sie das Haus Ihrer Eltern in der Rue de Monceau abreißen und beginnen Pläne für Ihr eigenes zu machen.

Dieses neue Haus wird nicht so sichtbar sein. Es wird nicht die opernhafte Präsenz Ihres Elternhauses besitzen, sondern in einem zurückhaltenden Hof stehen, ein Haus mit sieben Jochen, mit korinthischen Pilastern und einer bescheidenen Balustrade. Es wird nach dem Vorbild des Petit Trianon gestaltet sein.

XVIII

Und verzeihen Sie diesen Nachsatz, Monsieur le Comte, aber zum Thema Sachen weggeben habe ich gerade herausgefunden, dass Sie auch eine Sammlung von 55 Krawattennadeln, *les épingles de cravate*, gespendet haben, die Ihr Vater von seiner Geliebten, der Comtesse de Lancey, geschenkt bekam.

Die beiden waren zehn Jahre zusammen. Die Comtesse hatte verschiedene Identitäten abgelegt. Sie begann als Julia Tahl in Baltimore. Daraus wurde Julie Eardley-Wilmot, geschieden. Und dann kam die mysteriöse Transformation zu Alice, Comtesse. Diesen Wechsel auch des Vornamens im Zuge diverser Scheidungen finde ich ziemlich bemerkenswert.

Natürlich ist sie von Carolus-Duran gemalt worden. Sie liegt hingestreckt auf einer Chaiselongue, den Kopf auf einem riesigen roten Kissen. Die eine Hand hält einen Fächer, die andere hat sie ans Gesicht gelegt. Sie blickt uns direkt an. Sie ist in weißen, perlenbestickten Satin gekleidet. Die Schuhe haben goldene Absätze. Die Kritiker haben deklariert, dieses Gemälde sei der Gipfel an Vulgarität, aber, mein Gott, sie hat Stil.

Sie hat den *pavillon de musique de Madame du Barry* auf dem Gelände des Schlosses von Louveciennes gekauft und restauriert ihn nun mit dem Elan einer WTF-Erbin aus Baltimore. Die Brüder Goncourt merken giftig an, sie vertrete Madame Dubarry und Camondo Ludwig XV. Betrachtet man das leicht mürrische Porträt Ihres Vaters, ebenfalls von Carolus-Duran, das von irgendeiner antisemitischen Sudelfeder als

»verschlagen und bleich« charakterisiert wird, fällt es mir schwer, ihn als Ludwig XV. zu sehen.

Diese Krawattennadeln, von Bucheron, sind teuer und aus Lapislazuli, Onyx, Jaspis, Perlen, Sardonyx, Labradorit und Opal gefertigt, man kann damit an der Börse oder in Longchamp oder in der Opéra wie ein Renaissancefürst auftreten. Oder in der bissigen Wendung in der Beschreibung eines jüdischen Bankiers in *Le Vampire*, mit seinen »Manschettenknöpfen, Knöpfen an seinem Hemd, alle im Cabochonschliff; eine Zurschaustellung von Juwelen ...«

Eine Krawattennadel ist ein recht gutes Geschenk; klein, kostbar und spitz. 1933 vermachen Sie sie alle dem Musée des Arts Décoratifs.

Eine schöne, exakte, scharfe Spende.

Ich merke, dass ich eifersüchtig auf Ihre Abgrenzung bin, auf die Art, wie Sie sich selbst Raum schaffen.

XIX

Monsieur,

ich kann nicht umhin zu bemerken, dass Sie Einrichtungsgegenstände mögen, die wandelbar sind.

Im kleinen Arbeitszimmer steht ein Table mécanique *à la Bourgogne*, geschaffen von Roger Vandercruse in Eiche und Walnuss, furniert mit Blutholz und Amaranth und Tulpenbaumholz und Stechpalmenholz, dazu eingelegte und getriebene Bronze. Man drückt auf einen Knopf, und ein Teil fährt mit einem Seufzen nach oben. Man drückt auf jene Tafel, und eine Schublade atmet aus.

Es sind Oberflächen zum Liebkosen und Loslassen, zum Drücken und Nachgeben. Schubladen für Geheimnisse, ein Schreibtisch für das Leben, das Sie verborgen halten. Sie öffnen sich einer Leere.

Und hier ist ein Tisch *à la Tronchin* von David Roentgen, der sich hochklappen lässt, sodass Sie stehen können und wichtig sein. Karten von Kampagnen, Pläne für den neuen Flügel. Es passt alles perfekt.

Ihr Haus ist ein Ort, wo alles etwas anderes ist. Es ist eine barocke Riposte gegen Materialgerechtigkeit: Hier geht ein Material ins andere über, Ihre Hand berührt Gold an den Lehnen des Sessels, auf dem Sie sitzen. In die Möbel sind Porzellanplatten eingelassen. Ein Interieur als Schaustellung, in dem auch Sie ein Protagonist sind, der sich selbst im Spiegel erblickt. Alles ist vervielfältigt, gespiegelt, gepaart, reflektiert, wiederholt. Diese großartige, langsame rhythmische Wiederholung von Kandelabern, Vasen, Kaminböcken, Wandspiegeln, Tischen, Stühlen und *guéridons* – dies alles wird lebendig, wenn man sich durch

den Raum bewegt. Objekte werden nicht als sie selbst gesehen, sondern zwischen anderen entdeckt.

In diesem Haus führt ein Raum weiter, entfaltet sich, greift in den nächsten über. Ich stehe in Ihrer Bibliothek und kann in drei Richtungen gehen. Aus dem großen Salon geht es in vier andere Räume. Es gibt Alkoven und Wendeltreppen von den Schlafzimmern hinauf in die Dienerzimmer, sodass Kleider erscheinen und wieder verschwinden können. Eine Wendeltreppe kommt in den Blick, die sich emporwindet, durchschnitten von einem Balkon. Eine verborgene Zimmerflucht für den Butler, eine Silberkammer, ein eigenes Zimmer für das Dekantieren des Weins.

Ich glaube, Ihr Badezimmer ist eventuell der einzige Raum mit nur einer Türe.

Sie haben René Sergent beauftragt, dieses Haus für Sie zu kreieren. Er hatte sich bereits einen Namen gemacht, hatte für Seligmann – Ihren bevorzugten Kunsthändler – und für Duveen zwei Häuser gebaut, in denen sie ihre Kostbarkeiten zeigen konnten. Er war formbewusst, konnte zurückhaltende Grandezza schaffen.

Doch dies ist ein wunderschönes und verblüffendes Gebäude jenseits alles dessen, was er bisher geschaffen hat. Ich kann keinen Plan zeichnen, wie es funktioniert, kann mir nicht selbst erklären, welcher Raum in welchen führt. Ich verstehe nicht, wie es auf der Parkseite ein Extra-Erdgeschoss geben kann voller praktischer Räumlichkeiten zum Kochen und Wäschewaschen, wie es möglich ist, auf so viele Weisen einzutreten.

Dieses Haus ist wie eine komplexe mechanische Schachtel. Drücke diese Tür auf, sachte. Hier sind Räume, Stille, ein Ding wird zu einem anderen, eine Person zu einer anderen. Türen, um hindurchzuschlüpfen, wegzuschlüpfen.

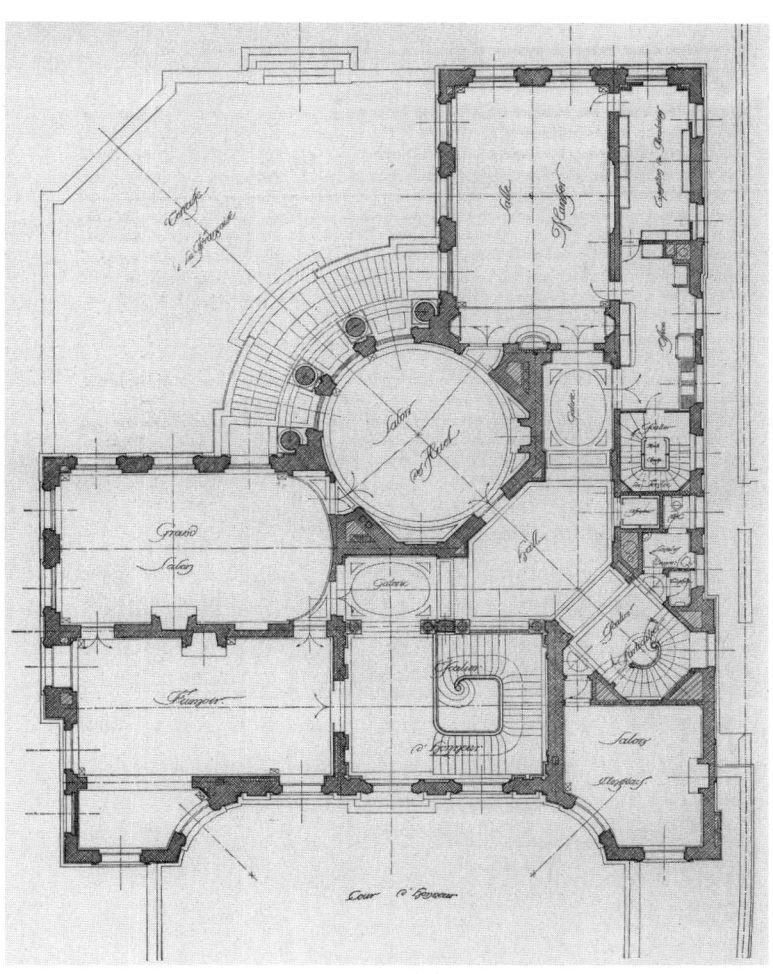

XX

Cher Monsieur,

eine rasche Bemerkung zu Farben.

Es ist Frühsommer, also sitze ich auf den Stufen, die zum Garten hinunterführen, und hier beginne ich.

Über Farbe: *kräftig*.

Achille Duchêne entwirft Ihre Gärten für Sie. Sie sind zurückhaltend und kostspielig, und so sind auch die Farben. Am Rand zum Park hin wird Liguster eingesetzt, er kaschiert das Häuschen des Parkwärters. Im Herbst 1913 weisen Sie Ihre Gärtner an, 2400 verschiedenfarbige Stiefmütterchen zu pflanzen, Hornveilchen, braune Mauerblümchen, gelbe Ringelblumen mit gefüllten Blüten, Salbei, großblütige Pelargonien, vier verschiedene Arten Geranien und acht Arten Begonien. Es ist ein regelrechtes Parterre: ein Perserteppich, auf den man vom *salon des Huet* aus einen Blick wirft.

Über Farbe: *ländlich*.

Ich bin in den *salon des Huet* gewechselt. Es ist ein hinreißend nuancierter Raum, so gestaltet, dass die sieben Gemälde von Jean-Baptiste Huet zum Thema der Liebe zwischen einem Schäfer und einer Schäferin zur Geltung kommen.

Ein ganz bestimmter Moment am späten Nachmittag. Es ist Sommer auf dem Land und warm, und so hat sich die Schäferin hingesetzt und lehnt sich an einen Abhang oder an einen Baumstumpf und blickt hinauf in die Zweige, und auch die Schafe rasten und ihr Hund. Das Licht ist blau. Vögel sind da, herbeigeflogen von irgendeinem *service de déjeuner,* ein, zwei Tauben. Das Kleid der Schäferin klafft ein wenig auseinander, natürlich. Die Farbe der Rosen und ihres Mundes. Ein blaues Band um ihr Handgelenk.

Über Farbe: *unveränderlich.*

Ich bin endlich im Porzellanzimmer. Die Farbe des Porzellans bleibt dieselbe. Sie verbleicht nicht, leidet nicht unter Feuchtigkeit. Man kann es zerbrechen, aber nicht zerstören. Deswegen ist die Welt voller Scherben, Farbfragmenten.

XXI

Lieber Freund,

so viel zu tun im Haushalt. Das Zurechtrücken der Tasse Schokolade, serviert auf dem Lacktablett. Das Weiß von Schürze und Häubchen. Das geputzte Suppengemüse, das Körbchen mit gesäuberten wilden Erdbeeren. Eine Kupferschüssel, gescheuert.

Dieses Haus ist für Chardin. Dreiunddreißig seiner Stiche befinden sich hier: *Der Knabe mit dem Kreisel*, *Das Kartenhaus*, *Das Tischgebet*, das *Selbstbildnis*, kurzsichtig und wohlwollend. Sie erwerben sie aus dem Verkauf der Sammlung Goncourt. In diesem Flur im ersten Stock hängen sie in perfekter Anordnung.

Ich möchte stillsitzen auf einem der Bergère-Sessel, vorgeneigt, und in das Haus hineinlauschen. Das feinste widerhallende Klirren eines Teelöffels an einer Tasse. Ein Tablett mit Gläsern, das in der Nähe abgestellt wird.

Kinder, möglicherweise.

Proust liebt Chardin. Gehen Sie in den Louvre, schreibt er, wenn Sie einen jungen Mann kennen, der der Schalheit des Lebens überdrüssig ist, und zeigen Sie ihm Chardin:

»Insofern es keineswegs eine Schaustellung spezieller Qualitäten ist, sondern Ausdruck des Innerlichsten seines Lebens und des Tiefsten in den Dingen, ist es unser Leben, das es anspricht, ist es unser Leben, das es anrührt, langsam den Dingen zuneigt, dem Herzen der Dinge näherbringt.«

Ich betrachte diese Stiche genau, suche »unser Leben, das es anrührt«.

Chardin malt den Akt des Herumschiebens der Dinge, des Adjustierens der Welt, um manche Schatten deutlicher hervortreten zu lassen. Er stellt ein paar Porzellansachen auf einen Tisch. Das Hin und Her zwischen warmer Teekanne und Spülbecken und Teetassen, Zuckerdose und Milchkännchen, die unmerklichen Geräusche von Flüssigkeiten; das Glänzen des Silbers und des hellen Leinens lässt das Porzellan noch weißer scheinen.

Chardin zieht uns ins Stillleben hinein. In Ihrer Sammlung befinden sich nur wenige Stillleben. Ich habe in der Bibliothek einige kleine Gobelins gefunden, *Das Brioche* und *Das cremefarbene Service*. Ich mustere sie prüfend. Wenn es beim Stillleben darum geht, sich Zeit zu nehmen, um die Welt langsam zu betrachten, dann ist die Herstellung eines Wandteppichs eine noch ganz andere Kategorie der Langsamkeit.

Auf dem *Cremefarbenen Service* befinden sich eine Flasche Wein, zwei Gläser, ein in zwei Teile gebrochenes Weißbrot und einige porzellanene *pots à crème* in einer niedrigen Schüssel. Sie stehen und liegen auf einer zerknitterten Leinendecke auf einem Holztisch und geben dem Stillleben einen schlechten Ruf. Sie sind *arttypisch*. Aber die Brioche liegt neben einem Glas mit leicht giftig wirkenden blaugrünen Gürkchen und einem Bündel rosaroter Radieschen; kopfüber hängt ein Weinglas in einer Glasschüssel mit vergoldetem Rand. Das alles auf einem steinernen Bord, und das schafft Vergnügen.

Das Vergnügen, Dinge nebeneinander zu platzieren.

Und hinzusehen.

XXII

Monsieur,

Chardin könnte uns in eine Unterhaltung über Porzellan verwickeln – er ist sehr gut in Porzellan und liebt seine Vincennes-Kaffeekanne –, aber es ist schon ziemlich spät, und es würde ein zu langes Gespräch werden. Wir kommen darauf zurück. Und ich werde mit Ihnen über das sprechen müssen, was Proust das »stille Leben des Stilllebens« nennt. Ich liebe diese Beschreibung, denn sie führt mich zu dem zurück, was Sie hier tun.

Ich weiß, dass Sie das wissen. Sie verwenden vierzig Jahre darauf, eine Porzellanuhr und eine Garnitur aus zwei Vasen und einem Kerzenständer hin und her zu rücken. Sie bewegen Bilder und Wandteppiche, Uhren, Kerzenständer und Porzellanvasen, Marmor und Teppiche, und dann finden Sie etwas Spektakuläres (»ein Juwel, ein Schatz«), und dann müssen die Ensembles aufgelöst und neu ausprobiert werden.

Sie stellen das *da* hin und setzen kleine Akkorde in Gang, Echos, Wiederholungen und Zäsuren. Sie stellen es *dort* hin, und es ist bloß Kram, vergoldet und wertvoll, aber immer noch Kram.

So etwas mache ich in meinem Studio. Ich fertige meine Porzellangefäße, und ich habe eine Stelle aus einem Gedicht oder die Form eines Musikfragments in Händen und im Kopf, während ich eines nach dem anderen drehe, die Tonkugeln auf der Linken, die Transportbretter wartend zur Rechten. Und ein paar Stunden später, wenn die Töpfereien einiges an Feuchtigkeit verloren haben, trimme ich sie zurecht, suche die Balance zwischen äußerem Umriss und innerem Volumen.

Dann Brennen. Und Glasieren und noch einmal Brennen. Und dann muss ich die Gefäße, die bewegt werden können, zusammenstellen und auseinanderrücken, wegnehmen und wieder hinstellen, versuchen, jene Momente zu finden, in denen, falls man es richtig macht, die Kadenzen im Fluss sind.

Und die Art, wie man, wenn man Worte hin und her rückt, an einen Ort kommt, wo die Bilder ausbalanciert und kraftvoll pulsieren.

Ich bin beeindruckt davon, wie Sie das fertiggebracht haben. Je mehr Zeit ich mit Ihnen in diesen Räumen verbringe, desto singulärer finde ich die Art, wie Sie es zustande gebracht haben, dass dieses Haus funktioniert. Ich weiß, dass Sie von Händlern zu Objekten beraten wurden, und Sergent ist ein bemerkenswerter Architekt, aber eine solche Stimmung aufrechtzuerhalten ist wirklich schwer: Räume und Kunst und Licht und Maßstab und Farbe, Rhythmen und Balance, Energie und Entspannung, Intimität und dann wieder Grandiosität. Es ist so viel leichter, das in kleinem Maßstab zu schaffen, und deshalb funktionieren Vitrinen. Man kann hineinlangen und Dinge herumschieben.

Dieser ganze Ort funktioniert als Vitrine in sich, wo die Erinnerung »die Echos webt und wieder löst«, wie Octavio Paz über Joseph Cornell sagte. Cornell benutzte den Abfall der Welt, um Schachteln zu schaffen, Räume, Bühnenbilder von Affinitäten und Widerstreit. Er suchte die Trödlerläden und Flohmärkte von Flushing in Queens heim, und Sie sind hier in der Rue de Monceau mit den Händlern von der Place Vendôme; Sie beide spielen mit Erinnerungen.

Sie stellen ein Objekt hin, und es ist im Gleichklang mit einem anderen.

Es lässt mich überlegen, wie das gewesen sein muss, hier unter all diesen Echos zu leben.

Eigentlich, wie es sein muss, nachts hier zu sein. Cornells Skulpturen sind »kaum größer als eine Schuhschachtel / mit Raum darin für die Nacht / und all ihr Licht«.

XXIII

Cher Monsieur,

Sie haben in Ihrem Porzellanzimmer einen Tisch für sich aufgestellt. Das ist Raffinesse. Der Tisch ist gedeckt, vom Stuhl sieht man durch das Fenster in den Garten. Die Vögel sind rund um Sie. Sie essen alleine. August der Starke beauftragte in Meißen für eines seiner Lustschlösser eine Porzellan-Menagerie. Allerhand Fauchen und Zähnefletschen. Aber hier ist man in einer Voliere.

Die Vitrinen sind großzügig, jede mit sechs Borden voller Sèvres-Porzellan. Jedes Gefäß hat eine zartestgrüne Umrandung – die Farbe des jungen Frühlings –, dicht besetzt mit einem *Œuil-de-perdrix*-Muster. Das Auge eines Rebhuhns, ein goldener Punkt auf weißem Porzellangrund, umrahmt von kobaltblauen Tupfen. Jedes der Felder, auf denen die Vogelbilder angebracht sind, ist mit Gold gerahmt, sodass dieser Tukan, jene Misteldrossel ihren eigenen Fleck der Welt besitzen, einen Felsen, auf dem sie sitzen, einen Busch, den sie ansingen können. Und dann gibt es noch monochrome graue Medaillons mit klassischen Büsten und einem vergoldeten Rand, denn dies ist Sèvres, und dort weiß man nicht, wann aufhören.

Nicht wissen, wann man aufhören soll, ist ziemlich genau die Definition von europäischem Porzellan. Dieses Porzellan mit seinen Puddingschüsselchen und Salz- und Eiseimerchen und *sucriers* und Tellern stammt aus dem *Service aux oiseaux Buffon*. Auf jedem Gefäß sind an der Basis die Namen des Vogels oder der Vögel neben dem Sèvres-Signet und der Jahreszahl eingraviert.

Bedeutet das etwa, frage ich mich, dass man sein *compotier ovale* umdrehen und nachsehen könnte, ob man den *tyran huppé de Cayenne* oder den *faisan verdâtre de Cayenne*, die beide auf diesem *grande corbeille ovale* herumstolzieren, richtig erkannt hat? Ich mache mir – ein klein wenig – Gedanken darüber, wie es wäre, gebratenen Fasan von einem Teller zu essen, der einen Fasan zeigt, diesen ziemlich sinnlich wirkenden *faisan*.

Aber was mir an allem gefällt, ist, dass diese Bilder von Vögeln aus den tausend Kupferstichtafeln in Buffons *Histoire naturelle, générale et particulière* stammen. Der penible, gelehrte Buffon skizziert die Welt, bezeichnet gewissenhaft die Unterschiede und Ähnlichkeiten im Ganzen der Natur – und das alles wird zum gloriosen Vorwand für ein Speiseservice.

Die Aufklärung. Noch besser: die *französische* Aufklärung: Gespräche und Speisen und Porzellan und Höflichkeit und *civilité* und all das Drum und Dran.

XXIV

Lieber Freund,

dieses Haus ist nicht eben das offensichtlichste, das weiß ich, um darin Kinder großzuziehen, und ich weiß auch, dass es ein großes Ringelspiel des eleganten Lebens zu absolvieren gibt – St. Moritz, Biarritz, Vichy –, doch Sie scheinen zwei glückliche Kinder zu haben, die Sie gernhaben, und die Fotos von Ihnen allen auf dem Land sind reizend.

Nissim ist kein besonders guter Schüler im Janson (*»Élève intelligent, mais de la légèreté et de la mollesse. Pourrait faire bien mieux«*), nicht für die Bank der Familie geeignet, aber gut zu Pferd, charmant, anhänglich und loyal. Dem Alter nach ist er Jules Reinach am nächsten, der nationsweit in den Schlussprüfungen den ersten Platz erreicht, und bloß ein wenig älter als der nächste Bruder Léon, der dies Gott sei Dank nicht tut.

Béatrice ist eine ausgezeichnete Reiterin. Ich möchte gerne mehr über ihr Leben wissen.

Sie planen dieses Haus in Paris für diese zwei Kinder. Es ist ein Hinlangen nach etwas, ein Ausbalancieren von Möglichkeiten.

XXV

Monsieur,

Sie kaufen eine Kommode mit verschiebbaren Tafeln, geschaffen vom *ébéniste* Jean-Henri Riesener. Diese Kommode ist aus Eiche, furniert mit Holz von Amaranth, Sykomore, Ahornmaser, Blutbaum, Stechpalme, Hainbuche, Berberitze, *bois de ferrol* – getriebene und vergoldete Bronze – mit einer Oberseite aus violetten Brekzien. Vergeben Sie mir, wenn ich diese Materialien bloß so aufzähle, aber sie sind reine Poesie.

Furnier ist faszinierend. Ich denke dabei an die Veneerings. Und an die Verdurins.

Ihre Verwandten sind abgestempelt als Arrivisten, Parvenüs, Neureiche, Profitjäger, *nouveaux roturiers*, Aufsteiger, Vulgäre, Emporkömmlinge, Statussucher, Nachahmer. Als Juden, die nach der Politur und Verfeinerung des *gratin* haschen, denen es aber nicht gelingt, ihre Herkunft zu vertuschen. Konstantinopel. Lange Bärte und Kaftane. Oratorium zuhause. Et cetera.

Die Depots der Kunsthändler sind voll mit den Erbgütern Frankreichs. Bei Seligmann, Duveen, in den Ausstellungssälen von Maison Carlhian in der Avenue Kléber gibt es komplette Zimmer, die aus dem Château X oder Y in irgendeiner feuchten Parklandschaft geholt wurden – die Formschnitte sind verschwunden, die Teiche verlandet, das Silber verkauft –, Kaminaufsätze und Vertäfelungen, Türen und Architrave und mit Kreide markierte Zierleisten. Es sind Bühnenbilder. Manche werden in Kentucky und Ohio wieder zusammengesetzt oder in

den an der Fifth Avenue errichteten Prachtbauten der Frick und Rockefeller und Vanderbilt. Und hier in Paris wurden *boiseries* aus dem Hôtel de Mayenne ins Hôtel der Cahen d'Anvers eingepasst.

Der Salon des Grafen de Menou im ersten Stock in der Rue Royale Nummer 11 wird in Ihren großen Salon transplantiert.

Édouard Drumont nennt Ihren Vater »*un chef d'eunuques abyssins*«. Er beschimpft meine Verwandten, sie seien Russen, hässlich, hätten schlechte Manieren, seien zu dreist, um französische Familien zu verdrängen. Unsere Familien besäßen beide nicht den angeborenen Geschmack, der vom echten Franzosentum komme. »Die Vorliebe für Nippsachen, für allen möglichen Krimskrams oder eher die Gier des Juden nach Besitz wird oft bis zum Kindischen getrieben.«

Unsere Familien putzen sich auf, greifen blindlings in die Kiste mit Kostümen und Requisiten, wühlen herum. Wir sind Hausierer, Lumpensammler, *chiffoniers*. Wir tun nur so, als ob.

Marketerie, die Kunst des Furnierens, ist eine Methode, ein Ding wie ein ganz anderes aussehen zu lassen. Es ist eine Art Taschenspielerei: ein Bukett wilder Blumen aus einer Hecke, ein paar Fasane und ein Hase von einer Jagd hier, drei Lanzen und ein Helm auf der Kommode dort drüben. Elemente können in einem geometrischen Muster aufgehen. Einrichtung – ein Schreibtisch oder der kleine *table chiffonière en auge*, den Sie in Ihrem kleinen Arbeitszimmer stehen haben – wird ein Spiel mit Dimensionalität, Tiefe. Man kann sich ausrechnen, wie lange manche Künste benötigen, um zur Vollkommenheit zu gelangen, aber *marqueterie* muss eine der kompliziertesten und erschöpfendsten sein. Man hat die gesamte Palette aller Hölzer der Welt vor sich. Das Holz muss gelagert und dann mit Bandsägen in schwindelerregend dünne Scheiben geschnitten werden. Sie können eingefärbt oder angesengt oder sogar ziseliert werden. Dann kann der *ébéniste* seine Phantasie konstruieren, ein Arpeggio.

Ich habe im Studio ein Foto von Ihnen an die Wand gepinnt. Es ist im Krieg, Nissim muss auf Urlaub sein, er ist ein Bündel aus uniformierten Gliedmaßen in einem Korbsessel neben Ihnen im Garten am Park. Die Sessel stehen dicht nebeneinander, und Sie beide sehen aus, als würden Sie sich gegenseitig das Neueste erzählen. Ihre Füße berühren einander fast. Sie müssen sechsundfünfzig sein und sind ein wenig beleibt geworden. Mir gefällt Ihr Strohhut. Ich betrachte das und denke, dass Sie genau wissen, was Sie lieben und wen, und dass Sie einfach Furnier mögen.

Ich mag es auch.

XXVI

Lieber Freund,
   Sie haben die 268 Briefe und Postkarten, die er Ihnen geschickt hat, aufgehoben. Sie sind komisch und warmherzig und berührend.
   Er schreibt, dass er keine Neuigkeiten zu berichten habe.

Jeudi matin
Rien de nouveau, mon cher Papa, le temps est beau.
Je t'embrasse tendrement ainsi que Béatrice
Nini

Er schickt Ihnen Grüße zu Jom Kippur ebenso wie zu Ostern. Er schreibt über das Elend in den Schützengräben, über Essen, Angst, Freundschaften. Er sendet Umarmungen, Küsse, scherzhafte Bemerkungen an seine Schwester.
   Er spricht Sie mit *tu* an. Und unterzeichnet seine Briefe: »*Mille et mille tendresses. Je t'embrasse tendrement. Je t'embrasse de tout cœur.*«
   Er ist vierundzwanzig. Er ist mutig. Meldet sich sofort freiwillig, voller Enthusiasmus, und steht an der Front, wo dieser Mut unter zermürbenden Umständen auf die Probe gestellt wird, wo seine Freunde und Kameraden in der kalten, kloakenhaften Landschaft sterben. Ein Freund wird direkt neben ihm getötet. Sein Onkel Charles ist Melder in einem der Fliegergeschwader, und Nissim entscheidet sich, um einen Beitritt anzusuchen; seinem Antrag wird am 11. Januar 1916 stattgegeben, und sein Leben ändert sich neuerlich.

»Wenn Du in ein Flugzeug steigen würdest, würde es Dir ganz bestimmt gefallen. Es ist ein herrliches Gefühl, und das Eigenartige ist das große Gefühl von Sicherheit, das man verspürt.« Er schreibt von Kälte und Regen und Schnee, aber vor allem vom Erschöpfenden dieser Flüge. Bei ihm klingt das ein wenig wie ein anstrengender Tag auf der Fuchsjagd. Sein Kader besteht aus einer Schar junger Männer, ein Drittel aus Kavallerieregimentern.

»Ich werde allmählich recht populär«, schreibt er am 16. April 1916, und so ist es auch. Fünfmal wird er in Depeschen erwähnt, er wird befördert. In Verdun fliegt er Beobachtungs- und Kampfeinsätze, seine Spezialität wird es aber, feindliche Stellungen zu fotografieren. Das ist sogar noch gefährlicher. 1200 Meter ist die optimale Flughöhe, man kann aber bis auf 760 Meter heruntergehen, und in einer solchen Höhe ist man verwundbar durch das Wetter und Feindfeuer. Man muss auch über Laufgräben und Frontgräben und Geschützstellungen fliegen.

Diese Fotografien sind schön. Es ist eine schreckliche Schönheit.

Im Archiv liegen sie eingerollt; ausgerollt erstrecken sie sich über einen langen Tisch: zwei Meter Dunkelblau mit weißen Aufschriften und Ortsbezeichnungen. Sie zeigen eine Welt voller Wunden. Ein Körper, runzelig. Von hier oben werden Dörfer ein Kratzer, ein Fluss eine Läsion.

»Wir sind ständig in Bewegung«, schreibt er während der Nivelle-Offensive im Frühjahr 1917. Das Wetter ist scheußlich, während sie einen Einsatz nach dem anderen fliegen. Es waren 135 000 französische Gefallene in drei Wochen. Er erinnert sich an den furchtbaren Jahrestag von Verdun, an Pétain. Er dankt seinem Vater für die köstliche Schokolade. Das Wetter ist umgeschlagen, es ist heiß: Ob er ein paar Sommersachen heraussuchen könne?

Am 5. September 1917 steigt am späten Morgen ein Dorand-Flugzeug vom Stützpunkt in Villers-les-Nancy zu einer neuen Mission auf; Nissim ist Pilot, Lucien Desessard Fotograf und Schütze. Nach zwei Stunden sind sie noch nicht zurückgekehrt. Freunde schreiben Ihnen, sie wüssten von Gefangenen in deutschen Lagern, sprechen Ihnen Mut zu.

Ich habe den Brief in der Hand, den Proust Ihnen in diesen Tagen der Ungewissheit vom Boulevard Haussmann Nummer 102 schreibt:

»Tief bekümmert höre ich, dass Sie wegen des Schicksals Ihres Sohnes Qualen leiden. Ich weiß nicht einmal, ob mein Name Ihnen etwas sagt. Ich hatte mit Ihnen öfter bei Mme Cahen diniert und in jüngerer Zeit, obwohl es eine Ewigkeit her scheint, kamen Sie einmal mit meinem lieben und so allgemein geschätzten Charles Ephrussi zum Abendessen zu mir. All diese Erinnerungen sind lange her. Doch es genügte, um herzzerreißenden Kummer zu verspüren, als ich erfuhr, dass Sie von Ihrem Sohn keine Nachricht haben … Ich wünsche, dass es gute Botschaften für Sie gibt. Ich kenne Ihren Sohn nicht, habe aber oft von ihm gehört.«

Und dann kommen weitere Nachrichten von einem letzten Gefecht mit einem Feindflugzeug auf dreitausend Meter Höhe, einer Sichtung des beschädigten Flugzeugs, Flammen, ein Abwärtstrudeln in Richtung der feindlichen Linien. Von Fallschirmen ist nichts bekannt. Drei Wochen später dann die Bestätigung von Nissims Tod durch einen deutschen Funkspruch. Er ist mit militärischen Ehren auf einem deutschen Friedhof in Avricourt beigesetzt worden.

Da ist das Bündel mit Briefen von Verwandten, von Freunden, die schön und zärtlich über Nini schreiben. Am 12. Oktober findet in der Großen Synagoge ein Gedenkgottesdienst statt. Nissim wird posthum der Orden der Ehrenlegion verliehen.

»Diese Katastrophe hat mich gebrochen und alle meine Pläne umgeworfen.«

XVII

Freund,

wie also ehrt man die Toten? Sie stellen eine Fotografie auf Ihren Toilettentisch. Sie bleiben Ihrem Wort treu.

Ihr Haus, sein Haus, verändert sich.

Nissims Zimmer werden zum Schrein.

Sein Arbeitszimmer wird ein Gedenkraum: *une chambre du souvenir*. Es hat eine schlichte Vertäfelung, einen Boden im Fischgrätenmuster. Das Eisenbett mit Vergoldungen, der Schreibtisch mit den diskreten Beschlägen, der mit grünem Saffianleder bezogene Armsessel, alles ist clubtauglich, männlich. Der Kandelaber auf dem marmornen Kaminsims stammt von einem Prinzen, was angemessen scheint. Jagdbilder, ein Meet im Morgengrauen. Sie hängen das von Carolus-Durand geschaffene Porträt Ihres Vaters Nissim über Nissims Bett.

Am 20. Januar 1924 verfügen Sie in Ihrem Testament, »dass das Porträt meines Vaters von Carolus-Durand und alle Fotografien meines Sohnes, die in verschiedenen Teilen des Hauses zu finden sind, immer an genau diesen Stellen verbleiben«. Da ist Ihr Junge, lächelnd auf der Esplanade in Deauville, auf Ihrem Schreibtisch im Blauen Salon, hier im großen Arbeitszimmer zwei Fotos von ihm in Uniform. Und ein weiteres Bild steht in Ihrem Schlafzimmer.

Ich denke an meinen Großonkel Iggie und seinen geliebten Partner, meinen Onkel Jiro. Sie lernten sich 1950 kennen. 44 Jahre waren sie zusammen, bis zu Iggies Tod 1994. Ich kam zur Trauerfeier in dem schönen Tempel in Tokio, sagte Kaddisch für ihn. Jahre zuvor hatten sie gemeinsam ein Grab gekauft. Auf dem Grabstein stand *Ephrussi Sugiyama*.

Als Jiro 23 Jahre später starb, 2017, besuchte ich das Begräbnis und übernachtete in Iggies ehemaliger Wohnung.

Die Wohnungen lagen nebeneinander, mit einer Tür dazwischen. In all den Jahren hatte sich nichts verändert. Die Möbel und die paar restituierten Stücke aus Wien und das chinesische Porzellan und der große verwitterte Bronze-Buddha standen dort, wo sie immer gewesen waren. Die Töpfereien, die ich als Teenager angefertigt und ihm geschenkt hatte, waren noch da, ernsthaft und etwas plump zwischen dem chinesischen Seladon. Die große Vitrine im Wohnzimmer barg noch die hundert Netsuke, die Jiro auf Lebenszeit hatte behalten wollen: Ich sollte sie mitnehmen und mit den anderen in London wiedervereinen. Die Schränke waren leer. Die Wohnung wurde nach wie vor jede Woche gereinigt, aber oben auf den Büchern lag dick der Staub, hüllte die Prousts ein, die Kinderbücher aus der Kinderzeit an der Ringstraße ein Jahrhundert zuvor, die Reihen von Krimis, die er liebte. Iggies Federn lagen neben dem Löscher. Das Foto dieser beiden Männer im Smoking Arm in Arm stand zur Linken, ein Foto meiner Großmutter Elisabeth in Paris, gelehrt und lächelnd, rechts.

Ich ziehe die Schreibtischschublade heraus, suche ein Blatt Papier. Ich muss eine Rede für die am Nachmittag stattfindende Trauerfeier im Tempel verfassen. Ich möchte über Familien sprechen, darüber, wie es ist, Japaner und Jude zu sein, über zwei Männer aus Wien und Shikoku und wie man zu einem Ort gehört und zueinander. In der Schublade liegen die Fächer seiner Mutter Emmy von Opernbesuchen, von Bällen um die Wiener Jahrhundertwende, Fächer aus Elfenbein und Spitze, bemalt mit Schäferszenen, Schäferinnen aus irgendeinem Fragonard'schen Idyll. Sie sind in Seidenpapier gehüllt, liegen in satinüberzogenen Schachteln von Einkaufsausflügen nach Paris Ende des 19. Jahrhunderts. Sind immer in der Nähe, immer privat aufbewahrt worden. Wie haben sie überlebt? Es ist niemand mehr da, den man fragen könnte. Wie ist es, etwas zurückzulassen, jemanden zurückzulassen? Man möchte hereinkommen, sich hinsetzen und nahe sein. Der Raum birgt die Möglichkeit, dass sie noch nicht gegangen sind.

Ihr Haus in der Rue de Monceau bleibt dasselbe.

Die Wohnung im Takanawa Park Mansion 610 bleibt dieselbe. Sie warten.

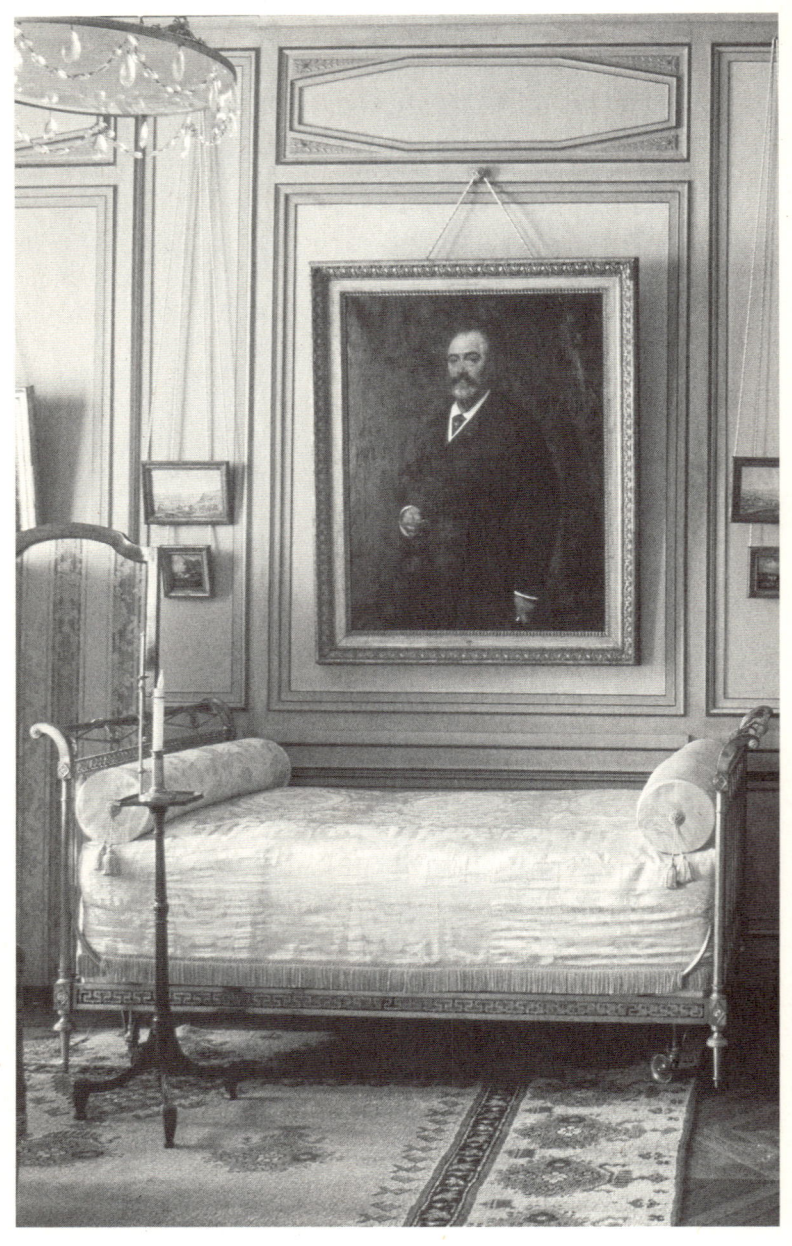

XXVIII

Cher Monsieur,
Nissim ist das hebräische Wort für Wunder. Sie benennen Ihren Sohn nach Ihrem Vater.

XXIX

Monsieur,
  in Eile.
Ich habe noch mehr von Théodore Reinach gelesen. Und ich habe gerade das da gefunden und möchte es erzählen.

Es ist im furchtbaren Herbst 1917, in dem Sie Nissim verloren haben. Théodores ältester Sohn Julien steht an der Front und hat das *Croix de Guerre* erhalten. Sein Neffe Adolphe Reinach ist im ersten Kriegsmonat gefallen, bis September haben 200 000 französische Soldaten den Tod gefunden. In den Zeitungen und auf den Straßen ertönt der Ruf nach der *union sacrée* – dem Beiseitestellen aller Differenzen für die Sache des einen Landes, das wie 1871 von den Deutschen angegriffen wird.

Reinach spricht vor der Union liberale israélite, der Vereinigung, die er gegründet hat, um den Gedanken der Assimilation voranzutreiben; sein Thema ist *ce que nous sommes*, das, was wir sind.

Die Union, sagt er, »verspricht alle Barrieren niederzureißen, alle Missverständnisse auszuräumen, welche den israelitischen und den französischen Patrioten des zwanzigsten Jahrhunderts trennen könnten, endgültig zu versöhnen und gegenseitig die rührende Anhänglichkeit zu stärken, die uns mit der großen und schmerzlichen Vergangenheit Israels verbindet, und die nicht weniger starke Sohnesliebe gegenüber dieser versehrten Heimat von 1871«.

Er kommt erneut auf Definitionen zurück, schiebt sie beiseite. Es gebe eine Zukunft voller Hoffnung, sagt er ergreifend.

Es gibt zwei Heimatländer, doch keine Barrieren. Die durch die Dreyfus-Affäre hervorgerufenen Risse müssen geschlossen werden. Wir wissen, *ce que nous sommes*.

XXX

Lieber Freund,
 Sie verbringen Jahre mit Warten. »Vielleicht«, schreibt Walter Benjamin, »lässt sich das verborgenste Motiv des Sammelnden so umschreiben: er nimmt den Kampf gegen die Zerstreuung auf. Der große Sammler wird ganz ursprünglich von der Verworrenheit, von der Zerstreutheit angerührt, in der die Dinge sich in der Welt befinden.«
 Was die französische Kunst des 18. Jahrhunderts angeht, treffen Zerstreutheit und Verworrenheit es genau.
 Da sind die Plünderungen während der Französischen Revolution, das Zurückholen dessen, was von Rechts wegen uns gehört, diese weißglühende Rechtschaffenheit, und dann Napoleon und das Kaiserreich, und das bedeutet, dass »die Dinge in der Welt« in Museen und in den Schauräumen der Kunsthändler in der Rue Royale und an der Bond Street und in den Händen Seligmanns und in Auktionshäusern in der Provinz zu finden sind.
 Le garde-meuble, das Verzeichnis des königlichen Mobiliars, listet jedes einzelne Objekt in den Palästen auf, nummeriert es, doch diese Etiketten gehen verloren, werden gefälscht. Es wird zum großen Spiel, dieses neuerliche Zusammenstellen der Kunstobjekte aus den Königsgemächern. Charles schreibt von »beinahe unerreichbaren Objekten«, und die Wendung hängt zart in der Luft.
 Sie benötigen dreißig Jahre, um die beiden *commodes à l'anglaise* wiederzuvereinen, die Sie in den *salon des Huet* stellen.
 Die Kunsthändler kennen Sie. Tag für Tag kommen Briefe mit dem

Vermerk *beiliegend zu Ihrer geneigten Begutachtung* und Fotos zweier versilberter Bronze-Konsolentischchen, die »wahrscheinlich von Ludwig XVI. jemandem wegen dieses oder jenes« geschenkt wurden. Am 30. März 1935 bietet Ihnen Jean Seligmann »diese Vasen« an, »deren Beschläge Gouthière zugeschrieben werden ... man nimmt an, dass sie in Marie-Antoinettes Boudoir im Trianon standen«.

Proust versteht Sie.

»Mein Leben aber währte bereits so lange, dass ich für mehr als eine der Gestalten, die es mir zuführte, in den Erinnerungen aus ganz entgegengesetzten Regionen zu ihrer Ergänzung eine andere fand ... So erinnert ein Kunstliebhaber sich, wenn man ihm einen Flügel eines Hochaltars zeigt, in welcher Kirche, in welchem Museum, in welcher Privatsammlung die verstreuten anderen anzutreffen sind (ebenso wie er schließlich durch aufmerksame Lektüre der Auktionskataloge oder den Besuch von Antiquaren das Pendant zu einem Gegenstand findet, den er besitzt und mit dem es ein Paar bildet); in seinem Kopf vermag er die Predella, ja den ganzen Altar vollständig zu rekonstruieren.«

Und ich kenne Sie auch. Um etwas vollständig machen, um Dinge zurückführen zu wollen, muss man wissen, wie sich Trennung anfühlt, Verstreuung.

Sie beginnen dieses Haus zu gestalten, und dann stirbt Ihr Sohn. Das Haus verändert sich. Es war da, damit er dorthin zurückkommen sollte, es wird nun etwas, das man dieser versehrten Heimat zurückgibt.

XXXI

Monsieur,

am 12. März 1919 heiratet Ihre Tochter Béatrice im Tempel Léon Reinach, und es ist ein wahrhaft glücklicher Tag. Sie schreiben, dass Sie Seelenfrieden empfinden.

Am nächsten Tag erscheint die Hochzeitsanzeige im *Figaro*:

> *Hier a été célébré, au temple de la rue Buffault, le mariage de M. Léon Edouard Reinach, fils de M. Théodore Reinach, membre de l'Institut, officier de la L. H. avec Mlle Louise Béatrice de Camondo, fille du Cte Moïse de Camondo (le collectionneur et sportsman connu).*

Léon könnte nicht geeigneter sein; eine weitere dynastische Allianz.

Léons Mutter ist Fanny, die Tochter von Betty Ephrussi. Fanny ist das einzige Kind, das den vier Geschwistern Ephrussi in Paris geboren wird, und so ist sie Erbin eines der größten Vermögen in Europa geworden. Théodore und Fanny haben ihre vier Kinder in Paris und im Château Reinach in La Motte-Servolex in Savoyen großgezogen, umgebaut im Stil Ludwigs XIII. mit dem auffällig überall angebrachten Buchstaben R. Nach seiner Hochzeit wird er von Charles Ephrussi zum Herausgeber der *Gazette des beaux-arts* nominiert, Ephrussi ist deren Eigentümer. Sie werden enge Freunde, und ich bin berührt, als ich lese, dass er einer der Sargträger im Trauerzug bei Charles' Begräbnis 1905 war.

Und während sie ihr Château derart verunstalten, beginnen Théodore und Fanny die Arbeit an der Villa Kérylos in Beaulieu-sur-Mer, zwischen Nizza und Monaco gelegen. Der Standort ist imposant. Sie wird auf einem Felsvorsprung errichtet, auf drei Seiten vom Meer umgeben, eine weiße griechische Villa, streng um ein offenes Peristyl mit ionischen Säulen angeordnet. Mosaikböden mit Delphinen und Tintenfischen, dazu zarte Fresken mit knospenden Bäumen und Vögeln, Marmorvertäfelungen und Bleiglasfenster, die sich zu den Terrassen und Gärten und zum Meer hin öffnen. Fünf Jahre währt die Bauzeit, das Bauwerk kostet sieben Millionen Franc aus Fannys Mitgift. Vor ihrem Schlafzimmer ist ein Balkon, damit man hinaustreten und das Drama da unten betrachten kann. In ihrem mit Mosaiken versehenen Badezimmer zeigt ein Stuckfries eine Dame mit Bediensteten bei der Toilette. Auf den Hähnen in der Dusche stehen verspielte Inschriften auf Griechisch, die den Wasserdruck anzeigen.

Kérylos bedeutet Eisvogel. Es ist ein schöner Name für diesen Ort, schimmernd vor dem Hintergrund des Meeres.

Es ist kühl im Sommer, eiskalt im Winter, das griechische Mobiliar wirkt äußerst unbequem, und es muss Stunden dauern, die marmornen Badewannen zu füllen, doch dies ist Poesie, eine schöne Inszenierung dessen, was es bedeutet, hier am Rand eines homerischen Meeres zu leben, an Ovid und Sophokles zu denken, und was es heißt, Teil einer Kultur zu sein, die sich in dem neuen Jahrhundert entfaltet, wo zwischen Juden und Franzosen eine »moralische Assimilation« erblühen wird.

Die Villa Kérylos ist ein Tempel. Schriftsteller, Politiker und Gelehrte, Musiker und Maler, gelegentlich ein König im Exil und zahlreiche Reinachs, Camondos und Ephrussis verbringen hier den Sommer. Und in der Nähe leben Verwandte. Zwanzig Gehminuten entfernt lässt Béatrice Rothschild, jetzt mit Maurice Ephrussi verheiratet, ein rosafarbenes Schloss erbauen, die Villa Ephrussi-Rothschild, und füllt das Haus mit französischen Möbeln und Sèvres-Porzellan. Die Villa besitzt neun unterschiedliche Gärten, mexikanisch, japanisch, florentinisch,

und einen Steingarten mit Architekturfragmenten, die aus verfallenen Klöstern und Schlössern zusammengekauft wurden. Die Gärtner sind wie Matrosen gekleidet, mit roten Pompoms auf den Baretten, als wäre die Villa eine Jacht auf See. Was ein wenig übertrieben ist.

Léon Reinach ist ein sehr kultivierter junger Mann, ein ernsthafter Musiker, der am Pariser Konservatorium studiert hat, er liebt Poesie, und es besteht keine Notwendigkeit für ihn, irgendetwas zu tun. Er ist absurd reich, sogar nach Camondo-Maßstäben.

Léon und Béatrice sind im gleichen Alter, sie haben einander ein Leben lang gekannt. Beide trauern sie um Nissim, denke ich, und das ist, sei es, wie es wolle, ein starkes Band.

Es gibt ein nettes Foto von ihm, mit übereinandergeschlagenen Beinen in einen Sessel gefläzt, lesend. Er raucht, im Buch steckt ein Stück Papier. Er macht sich Notizen, ein Reinach eben.

Das junge Paar beginnt sein Eheleben in der Rue de Monceau 63.

XXXII

Lieber Freund,
   es gibt eine Rezension, die Sie sicher gesehen haben.

»Die Sonate für Klavier und Geige von M. Léon Reinach, kraftvoll dargeboten von Mlles Yvonne Lefebure und Lydie Dremigian, ist beachtlich besonders wegen der Wärme der beiden ersten Sätze, obwohl sie noch durch Einflüsse von Franck und Fauré beeinträchtigt sind.«

Der Kritiker hat recht. Es gibt eine Aufnahme aus jüngerer Zeit, und ich habe sie mir genau angehört.
   Für Léon muss es schwierig gewesen sein, denke ich, mit Théodore als Vater, der sich anscheinend überall engagierte.
   Auch im Bereich der Musik. Théodore setzte sich dafür ein, dass in den Synagogen neuere Musik gespielt wurde, ebenfalls ein Versuch, die französische und jüdische Kultur einander anzunähern. Ich habe gerade von einem Antiquar – online spät in der Nacht, um viel zu viel Geld – Théodore Reinachs *Un nouvel hymne à Apollon* gekauft, ein signiertes Exemplar seiner Transkription einer griechischen Steintafel aus dem dritten Jahrhundert vor Christus und deren Interpretation in zeitgenössischer musikalischer Notation. Die Fußnoten sind in drei Sprachen, der befreundete Musikwissenschaftler, dem er es geschickt hat, hat mit Bleistift seine eigenen Anmerkungen hinzugefügt. Es könnte nicht delphischer sind, es macht mich ratlos, warum ich es ge-

kauft habe, doch erfreut, diesem Gedankenaustausch beiwohnen zu können. Ich finde heraus, dass Théodore Fauré gebeten hat, eine Version davon zu schaffen, und sie seinen Freunden vorspielte.

Ich bin mir nicht sicher, was das für Léon und seine eigenen Versuche, als Komponist zu reüssieren, bedeutet hat.

Vielleicht schlaksig mit einem Buch in einem Sessel zu lungern und den Fotografen zu ignorieren.

XXXIII

Monsieur,

1922 besucht meine Großmutter Elisabeth Ephrussi Léon und Béatrice. Sie sind Cousin und Cousine – zweiten Grades auf der einen Seite, denke ich, und auf der anderen durch enge Familienbande verbunden. Ich könnte eventuell einen Stammbaum zeichnen, aber das wäre ein ziemliches Spinnennetz. Es wurden natürlich Ehen zwischen Cousins und Cousinen geschlossen, sodass ganze Zweige mit Doppelnamen existieren. Aber auf welche Art soll man anmerken, dass Louise Cahen d'Anvers, Béatrices Großmutter, auch fünfzehn Jahre lang Charles Ephrussis Geliebte war? Eine gepunktete Linie? Irgendwas in Rot?

Elisabeth ist voller Überschwang nach Paris gekommen. Sie korrespondiert mit Rilke, hat ihm Briefe und Gedichtentwürfe geschickt. Er hat ihr Passagen aus den *Sonetten an Orpheus* gesandt, berät sie bei ihren Plänen. Soll sie ihre akademischen Studien fortsetzen oder schreiben? Das seien unterschiedliche Wege und unvereinbar, meint er. Sie könnten sich in Paris treffen. Proust ist eben gestorben, Paris wird nie mehr dasselbe sein, schreibt Rilke. Sie kommt aus Wien, will Rodins Skulptur sehen, ihren Heros treffen; in Paris allein sein.

Sie ist wohlerzogen und erledigt ihre Pflichtbesuche. Sie kommt zu Besuch in die Rue de Monceau 63. Béatrice und Léon und ihre zweijährige Tochter Fanny. Béatrice ist schwanger mit Bertrand, der im Frühjahr zur Welt kommt.

1928 zieht Elisabeth nach Paris. Nach der Hochzeit mit meinem

Großvater Henk, einem feschen Holländer, monokeltragend, Geige spielend und finanziell ein wenig wackelig auf den Beinen, wohnen die de Waals in der Rue Spontini im Seizième, mit nagelneuen Ruhlmann-Möbeln, Van-Gogh-Reproduktionen und (für kurze Zeit) Schiele-Gemälden. Es existieren ein paar Fotos ihrer Wohnung, alles sehr stilvoll. Nichts Altes. Nichts Geerbtes. Elisabeth schreibt Journalistisches und Romane, später bekommen sie zwei Söhne, meinen Vater und dann meinen Onkel Constant.

Auf den ersten Blick weiß ich nicht recht, was Elisabeth und Béatrice gemeinsam haben. Meine Großmutter mag weder Pferde noch Schießen und Jagen. Sie hat ein Jusdoktorat, schreibt Gedichte und diskutiert mit Ökonomen abstruse philosophische Probleme. Béatrice lebt für Pferde, macht gute Figur. Elisabeths Sinn für Mode war laut meinem Großonkel Iggie völlig daneben, lachhaft. »Sie hatte absolut keinen Geschmack«, sagte er mir liebevoll, in seiner Wohnung in Tokio sitzend, in Erinnerung an seine Schwester in Wien.

Und dann denke ich daran, dass sie Väter haben, die im gleichen Alter sind, von anderswoher kamen.

Sie, Monsieur le Comte, wurden 1860 in Konstantinopel geboren, wurden dann Italiener und sind nun so französisch, wie es nur geht. Und pariserisch obendrein.

Elisabeths Vater Viktor Ephrussi, 1860 in Odessa geboren, wurde in der österreichisch-ungarischen Monarchie zum Baron. Und Wiener.

Und dass beide junge Cousinen diese Bruchstelle haben, nämlich unglückliche Mütter – jüngere, dynamische, schöne Frauen, dynastisch verheiratet, um irgendeine familiäre Verpflichtung zu erfüllen. Mütter, die entweder – wie meine Urgroßmutter Emmy – zu entkommen versuchten oder es wie Irène wirklich taten.

Beide wuchsen in Museen auf. Das Palais Ephrussi mit dem in Marmor eingelegten Familienmonogramm auf dem Boden, sobald man die Schwelle überschreitet, das Hôtel Camondo ein Andachtsort für den Großvater und einen verlorenen Bruder. Man stelle sich nur vor, wie es ist, in ein Haus heimzukommen, das den eigenen Namen trägt, dieses erstickende Gefühl.

Und wenn ich ein Foto von Béatrice betrachte, die zu Pferd über einen lächerlich hohen Zaun setzt, und Elisabeths beschwingten Essay über modernes Denken und die Architektur von Wolkenkratzern lese, dann denke ich, dass diese beiden jungen Frauen, beide in ihren Zwanzigern, herauszufinden versuchten, was Entkommen heißen könnte.

XXXIV

Dürfte ich mit Ihnen über die Schlafzimmer der Kinder sprechen, Monsieur?

Nissims Schlafzimmer ist ein Schrein. Als Léon und Béatrice mit den zwei kleinen Kindern 1924 in ihre schicke Wohnung in Neuilly ziehen, gestalten Sie Fannys und Bertrands Schlafzimmer zu einem neuen Salon um. Und eigentlich ist es der gemütlichste Raum im Haus, denke ich, mit den Fenstern nach zwei Seiten hin, zum Park und hinüber zu Cernuschis Haus, jetzt ein Museum, in dem seine Sammlung asiatischer Kunst ausgestellt ist. Man fühlt sich hier, als wäre man in den Bäumen. Und es ist nicht förmlich, oder zumindest so wenig förmlich, wie Sie es sich zugestehen: ein Sofa, auf dem man sich ausstrecken, ein Schreibtisch mit einer richtigen Lampe, auf dem man tatsächlich etwas schreiben könnte. Und eine *duchesse brisée* – ein Armsessel mit einem Fußschemel als Verlängerung –, der aussieht wie eine Gelegenheit zu Nachmittagslektüre. Der Name gefällt mir, ich möchte auch so etwas.

Irgendwie entrinnt dieser Raum dem Denkmalsetzen.

XXXV

Da Sie so offenkundig das archivalische Prinzip verstehen – prüfen, nochmals prüfen, aufzeichnen –, möchte ich Ihnen von einem Besuch bei meinem Vater erzählen.

Er trägt einen Strohhut und sitzt vor seiner roten Türe in der kleinen Wohnanlage für ältere Menschen, wo er lebt. Er ist einundneunzig. Ich bringe ihm ein paar Bücher – die Reden von Bundespräsident Steinmeier und den neuen Roman von Hilary Mantel –, ein wenig Ziegenkäse und Schokoladekuchen. Wir trinken Kaffee. Es ist ein guter Moment, um mit ihm zu reden, er will keine Memoiren mehr schreiben, sie scheinen ihm jetzt nicht wichtig. Er hat viel zu tun im lokalen Asyl- und Flüchtlingszentrum, wo er sich engagiert. Und die Zeit vergeht so schnell. Menschen aus seiner Kindheit sind realer, sind präsenter: Er spricht mit ihnen. Ich frage ihn, wie Paris Anfang der 1930er war.

Er erinnert sich an die Wohnung in der Rue Spontini, an die Köchin und die Hausmädchen und ein geliebtes Kindermädchen, das von einem österreichischen See kam. Sie blieben dort fünf Jahre, bis sie wegen einer der Geldkalamitäten seines Vaters umzogen. Die Wohnung war groß genug, um mit seinem Spielauto mit großer Geschwindigkeit den Gang entlangzufahren. Paris war voller Verwandter, erzählt er, ältere Damen in prächtigen Räumen, knittrige Wangen, die geküsst werden mussten. Er spielte im Bois de Boulogne und wurde zu einer Impressionisten-Ausstellung ins Jeu de Paume mitgenommen, *coll. Ephrussi*.

An die Reinachs erinnert er sich nicht. Eine Wohnung in Neuilly? Ein Musiker? Eine reitende Cousine, ziemlich gut angezogen?

Nein.

Dann fällt ihm ein, dass seine Mutter das gesamte Vermögen des letzten Pariser Ephrussi-Onkels erben sollte. Doch der starb 1916, während Frankreich sich im Krieg mit Österreich-Ungarn befand. Also waren die Wiener Verwandten die »Feinde«, und Léon erbte die Bilder der Impressionisten und auch die Häuser in Paris.

Er besitzt alle Liebesbriefe seiner Eltern, die sie einander in den 1920ern schrieben. Sie sind witzig und zärtlich und sehr aufschlussreich und auf Niederländisch geschrieben.

Ob die eventuell von Interesse seien?

Mein Vater fragt, ob ich ihm bei dem Antrag auf die österreichische Staatsbürgerschaft behilflich sein könnte. Das Gesetz wurde jüngst geändert, es soll vom Holocaust betroffenen Familien ermöglichen, um die Staatsbürgerschaft anzusuchen, die ihnen verweigert, ihnen weggenommen wurde. Mein Vater ist nach seinem Großvater Viktor benannt, der ihn liebte. Viktor wurde in Odessa geboren, wuchs in Wien auf und starb als Staatenloser in England.

Dieser Antrag ist auch für ihn.

XXXVI

Cher Monsieur,

ich glaube, es gibt eine Neigung, Sie sich alleine in diesem Haus vorzustellen. »Glück des Sammlers, Glück des Einsamen: tête à tête mit den Dingen«, schrieb Walter Benjamin mit einigem Verständnis gegenüber diesem Zustand in einer seiner konzisen Bemerkungen im *Passagen-Werk*.

Und ich weiß, dass Sie allein gewesen sein müssen, denn Sie sind seit langem geschieden, Ihr Sohn Nissim ist im Ersten Weltkrieg gestorben, und Ihre Tochter Béatrice heiratet und zieht weg.

Es ist ein Haus voller Leute. Vierzehn Bedienstete – Butler, Butlergehilfe, ein paar Diener, Lakaien, Küchenchef, Assistent des Küchenchefs, Handlanger, Wäscherin, Gärtner, Heizer für den Boiler, Mechaniker für die Autos –, aber Alleinsein und mit Bediensteten leben ist nicht inkompatibel, glaube ich. Und Sie geben natürlich Gesellschaften.

Während ich durch diese Räume mit ihren Kabinettschränken und Bronzen und Marmorskulpturen und Tapisserien und vergoldeten Kerzenleuchtern wandere, denke ich an die Handwerker, wie sie sich unterhalten.

In Diderots *Encyclopédie* finden sich Definitionen für die Kunst des *serrurier, ciseleur, orfèvre, graveur, arquebusier, bijoutier, metteur-en-oeuvre, damasquineur*.

Ihr Haus ist voller Geräusche.

XXXVII

So, Monsieur,

ich bin in Ihrer Bibliothek. Ich liebe diesen Raum. Er ist rund, ungewöhnlich für eine Bibliothek, und muss eine Herausforderung für die Schreiner gewesen sein, die die Bücherschränke gefertigt haben. Die Vertäfelung ist schlicht; Sie haben das Gold etwas zurückgenommen, und die Tapisserie eines Mannes, der sich müht, einen Koffer zuzuschnüren, der dann auf ein Pferd geladen wird, ist so simpel wie nur irgendetwas in diesem Haus. Und die Stühle wirken bequem. Mir ist aufgefallen, dass Sie das Exemplar der *Histoire de la poésie des Hébreux*, das Ihrem Vater gehört hat, unter den Klassikern stehen haben. Das freut mich. Und es freut mich, dass Sie Charles' Buch über Dürer besitzen, das Jahrzehnte zuvor in seinem Studierzimmer oben an der Rue de Monceau verfasst wurde. Ich bin überzeugt, dass eine ganze Reihe von Sammlern ihre Bibliotheken meterweise bestellt haben, zusammen mit den Vorhängen, Sie aber lieben Bücher.

Ich habe mich mit dem Begriff Melancholie herumgequält. Ich sprach mit einer Freundin über Ihr Haus, sie beschrieb die Atmosphäre als melancholisch, und das fühlte sich etwas zu glatt an, nicht ganz passend. Tatsächlich war ich ein bisschen verdrießlich; wenn ich ehrlich bin, werde ich, was Ihr Haus betrifft, schon ein wenig besitzergreifend.

Die Verdrießlichkeit brachte mich wieder auf Dürers Stich der Melancholie. Die Melancholie stützt ihren Kopf auf die geballte Faust. Sie regt sich nicht. Rund um sie sind Werkzeuge verstreut, Objekte der

Entdeckung, ein Schmelztiegel, Zangen, ein Hammer und Nägel, eine Säge und ein Hobel und Zwingen: Alles sollte möglich sein, und doch ist es nichts. Eine Leiter wird von einem schwerkantigen Stein blockiert. Die Glocke ruht, der Windhund zu ihren Füßen ruht. Die Welt ist gefangen. Sie könnte in dieses Archiv an Dingen und Gedanken und Möglichkeiten hineinlangen, aber sie ist unwillig, unfähig. Dürer sagt, zu viel Anstrengung könne dazu führen, »dovan ihm die Melecoley überhand mocht nehmen«. Ich betrachte ihre Hände ganz genau.

Benjamin schrieb zum Thema Melancholie, »dass ich unterm Saturn zur Welt kam – dem Planeten der langsamen Umdrehung, dem Gestirn des Zögerns und Verspätens«. Er ist der Dichter der Verzögerung, schreibt von Flaneuren, entschlossen ambulant. Verirrt sich leicht in Städten und Texten. Sein Buch über Paris kann er nicht vollenden. Er verglich sich mit einem Lumpensammler, ein Auge auf die Gosse gerichtet, um das Weggeworfene und Übersehene zu finden; Lumpensammler sind nicht schnell. Es liegt einiges Vergnügen darin, meint er, in dieser Kunst, sich zu verirren. Er nennt das Irrkunst.

Ich glaube, Sie haben sich verirrt.

Es gibt keinen Hinweis darauf. Sie schaffen diesen Ort für Ihren Vater und Ihren Sohn, und Sie machen das untadelig. Es ist ein Ort der Trauer, ein *lieu de mémoire*. Die Welt der Trauer wird erst nach einem gewissen Zeitraum überwunden, sagt Freud in seinem Aufsatz *Über Trauer und Melancholie*. Das Trauern hat seine Rituale, die uns einen gewissen Raum einräumen, um zu dem Verlust zurückzukehren: Man umreißt eine Abwesenheit. Und das ist gesund, weil man dann weitermachen kann. Sie, Monsieur, sagen Kaddisch. Sie bringen Nissim zurück, auf den Friedhof, Sie verfassen Ihr Testament, ein Geschenk. Sie trauern. Dies soll das Musée Nissim de Camondo werden: Ihr Akt des Trauerns.

Sie trauern sehr gut, Monsieur, und ich preise Sie.

Melancholie hingegen ist ein außerordentliches In-die-Länge-Ziehen, die Weigerung, loszulassen. Sie führt einen auf Umwege und Verzögerungen. Sie lässt mich an Proust denken und an seine Druckfahnen: eingefügte Absätze, Sätze, die Angst, etwas zu beenden. Und ich glaube, Sie können Ihren Verlust nicht aufgeben, nicht den Verlust verlieren, können nicht aufhören, Objekte herumzubewegen, dazuzufügen, Lumpen zu sammeln.

Ich denke, das ist wahrhaft melancholisch. Nicht wegen dem, was bald danach geschah. Traurigkeit ist nicht melancholisch.

Auch ich kann nicht aufhören.

XXXVIII

Freund,

    ich weiß nicht, ob Kinder immer noch den Orten Namen geben, wo sie sich aufhalten, ob sie auf dem Umschlag des Übungshefts das filmische Zurückspulen von der Schulbank zum Klassenzimmer zur Schule zur Straße zur Stadt zum Land zum Staat zum Kontinent zur Welt zum Universum und hinaus in den unausdenkbaren Raum durchspielen, wie sie sich positionieren, sich festlegen und ihr Gefühl vom Selbst. *Ich gehöre hierher.*

    Ich habe über Sie nachgedacht, wie Sie an einem Schreibtisch sitzen und darüber, wo Sie hingehören.

    Sie sind – tiefer Atemzug – Mitglied der

inter alia
Société des Artistes et amis de l'opéra
Société des Amis de la Bibliothèque d'Art et d'Archéologie
    de l'Université de Paris
Société des Amis de la Bibliothèque Nationale
Société des Amis du Musée Cernuschi
Société des Amis de Sèvres
Société des Amis du Louvre
Société des Amis du Musée de la Tour
Cercle de l'Union Artistique
Commission des Arts Plastiques
Conseil d'adminstration de la manufacture des Gobelins

Maison d'art (Fondation Baronne Hannah Charlotte de Rothschild)
Chambre syndicale de la curiosité et des Beaux-Arts
Congrès International des Bibliothécaires et Bibliophiles

Letzteres klingt am spannendsten.

Sie sind förderndes Mitglied der *Société des Amis de l'Enseignement par les Musées*, Gründungsmitglied der *Société des Musées de Strasbourg*, aktives Mitglied der *Société Française de l'Archéologie*, der *Société Française des Amis de la Médaille*, Mitglied und Mäzen der *Société des Amis du Mobilier National*, der *Société Iconographique Parisienne*.

Und da ist natürlich der *Club des Cent* für Gastronomie, was allerhand Zeit beanspruchen muss, und des Automobilclubs und des Jockey Clubs und des Jagdclubs und noch von einem Dutzend mehr, da bin ich mir sicher. Nicht zu erwähnen die endlosen Ausschüsse, die gebildet werden, um dies zu feiern (eine Ausstellung über byzantinische Kunst), an jenes zu erinnern (Houdon, Manet, die Goncourts, Hubert Robert) oder irgendein fragiles Stück des französischen Patrimoniums zu bewahren. Sie sind 1920 behilflich beim Ankauf von Courbets *Das Atelier des Künstlers*, ein guter Schachzug, und unterstützen eine Kampagne zum Ankauf von Degas-Drucken. Die meisten brauchen Ihren Namen und einen Scheck. Eigentlich wollen sie alle den Scheck.

Joseph Roth ist hier in Paris, aus Nazideutschland ins Exil gegangen, er schreibt Aufsätze für Zeitungen, um Geld zu verdienen, und spricht davon, wie aus einem Juden ein Franzose wird: »In Paris erst fangen die Ostjuden an, Westeuropäer zu werden. Sie werden Franzosen. Sie werden sogar Patrioten.« Sie könnten nicht großzügiger sein. Sie könnten nicht pariserischer sein. Ihr privates und öffentliches Leben sind einander angepasst. Sie sind ein französischer Patriot.

Wenn Sie zu genügend Dingen gehören, heißt das, dass Sie beteiligt sind, wie Sie hier so sitzen auf Ihrem geschnitzten und vergoldeten Stuhl in

le petit bureau
no 63 Rue Monceau
VIIe Arrondissement
Paris
La France
L'Europe
Le Monde
L'Univers?

Das ist eine Frage, Monsieur le Comte.

XXXIX

Monsieur,
   heute ist der 22. Mai. Ich bin in London in meinem Studio. Bin mit dem Hund von unserem Haus hierher gegangen. Das dauert ungefähr zwanzig Minuten, quer durch einen kleinen Park bis zum Rand eines Industriegeländes. In meinem Hof hier befinden sich ein Stahlfabrikant, ein Schmuckgroßhandel und eine Firma, die Schilder für Theater und Kinos im West End herstellt.
   Isla, mein Hund, könnte Ihnen vielleicht gefallen. Sie ist ein Grand Basset Griffon Vendéen, ein zotteliger französischer Spürhund, und ich weiß, dass Sie auf Ihrem Landgut gerne jagen und schießen. Abends bellt sie hoffnungsvoll. In Süd-London gibt es ziemlich viele Füchse.
   Ich habe den Tag extra erwähnt, weil ich einen Beleg über das Diner habe, das Sie am 22. Mai 1935 gegeben haben, und das verschafft mir die Gelegenheit, mit Ihnen über Speisen zu sprechen.

Œufs pochés Princesse
Bars glacés à la gelée sauce verte
Jambons d'York en croûtes sauce Madère
Nouilles à l'Alsacienne
Barons de Pauillac rôtis
Salade romaine
Petits pois à la Française
Chester cakes
et

Pailletes au parmesan
Glace Nelusko
Patisserie

Da sind die jährlichen Mittagessen, die Sie veranstalten, eines für die Kuratoren des Louvre und eines für jene des Musée des Arts Décoratifs. Der *Club des Cent* hat seine Mittagsrunden und Diners und Exkursionen, und Sie notieren sich fleißig Details der Speisen in Hotels und Restaurants. Sie besitzen einen berühmten Keller.

Ich habe den Großteil dieses Vormittags damit verbracht, nachzuschlagen, was das alles ist, und jetzt weiß ich, dass ein *Chester Cake* eine Art gedeckter Früchtekuchen mit aus eingeweichten Krumen von altbackenem Kuchen, Obst und Gewürzen bestehender Füllung ist. Und *Glace Nelusko* eine »*bombe glacée au chocolat et au praliné relevée de curaçao*«. Ich bin mir sicher, dass so etwas bei irgendeinem Diner Proust serviert worden sein muss, aber das hieße die Recherche zu weit treiben.

Das ist alles phantastisches Zeugs, und ich weiß, es ist himmlisch, zum Klang von Trompeten Kaviar zu speisen, aber ich möchte lieber nach der Dattelmarmelade fragen, die aus Kairo geschickt wurde, und nach dem Einkauf von *boutargue* aus Martigues. Das ist der Rogen der Meeräsche, gepresst, getrocknet, gesalzen und gewürzt.

Es ist der Geschmack von Istanbul, Kindheit, von jener Brise.

XL

Monsieur le Comte,
    ich habe noch mehr über all das Brimborium nachgedacht, diese prächtigen Mittagessen und Diners, die Sie veranstalten. Die Speisen, die im Stummen Diener ins Butlerzimmer emporschweben, wo es Warmhalteplatten gibt und Platz, um die *mise-en-scène* jedes Gerichts zu überprüfen, bevor sich eine Tür in der Vertäfelung zum Speisezimmer hin öffnet. Und da ist der Kontrast zu Ihnen, wie Sie allein in Ihrem Porzellanzimmer sitzen.
    Und weil ich wegen Ihnen Proust noch einmal lesen muss, denke ich an die Art und Weise, wie Speisen in der Kunst auftauchen und wieder verschwinden. Ich hätte zu gern dieses kleine Bild einer Zitrone auf einem angelaufenen Silberteller, das Ihr Cousin Isaac von Manet gekauft hat. Es ist so ziemlich die einzige Zitrone, die man jemals brauchen wird. Der Mattglanz lässt mich angelaufenes Silber schmecken, einen Schuss Säure. Und an das Spargelbündel denken, das Charles im selben Jahr von Manet kaufte, direkt von der Staffelei. Der Preis betrug achthundert Franc, und Charles, großherzig und großzügig, schickte tausend. Dann wird vier Tage später ein kleines Bild mit einer einzelnen Spargelstange in der Rue de Monceau abgegeben mit einem hingekritzelten M in der oberen rechten Ecke und Manets Bemerkung: »Es fehlt noch eine in Ihrem Bündel.«
    Und hier ist es, beim Abendessen über Spargeln mit Sauce Mousseline vom Herzog und der Herzogin von Guermantes diskutiert:
    »Ich weiß, es sind nur Skizzen, aber ich finde, sie sind nicht genug

durchgearbeitet. Swann hatte tatsächlich die Stirn, uns zum Kauf eines Spargelbundes zu raten. Wir haben das Bild daraufhin sogar ein paar Tage im Haus gehabt. Es war nichts weiter als das darauf, ein Bund Spargel, genau wie die, die Sie gerade schlucken, die Spargel von Herrn Elstir aber habe ich nicht geschluckt. Er verlangte dreihundert Francs dafür. Dreihundert Francs für einen Bund Spargel! Einen Louis höchstens sind sie wert ...«

Aus Essen wird ein Stillleben wird ein Buch wird ein Archiv. Und ein Diner wird eine Geschichte. Je länger ich in diesen Räumen verweile, diesen Archiven, desto genauer denke ich über solche Elisionen nach. Diese Teller auf Ihrem Esstisch zitieren Buffon. Sie haben eben ein für Katharina die Große geschaffenes Silberservice von Jacques-Nicolas Roettiers erworben. Es wurde von der sowjetischen Regierung verkauft, die Geld für alles Mögliche braucht und eine Menge Silber besitzt. Und das Silber ist hier, um sich mit dem Sèvres-Porzellan zu unterhalten – charmant zu unterhalten.

Sie hätten gerne Voltaire am Esstisch.

Ich habe endlich verstanden, worum es bei diesem Haus geht, diesem außerordentlichen Versuch, einen Raum nach dem anderen zum Funktionieren zu bringen, ohne Unbehagen, ohne Falschheit. Sie möchten ein perfektes Bühnenbild schaffen für Konversation, für Aufklärung, für den Moment, in dem die französische Kultur am kultiviertesten war, am kritischsten.

Walter Benjamin, im Exil, er versucht sein Buch in der Bibliothèque Nationale in Paris fertigzustellen, blättert seine Karteikarten durch mit ihren winzigen indexierten Notizen zu Baudelaire, Einkaufen, Haussmann, Sammler; und er schreibt, »diese Arbeit muss die Kunst, ohne Anführungszeichen zu zitieren, zur höchsten Höhe entwickeln«.

Das ist das, was das Musée Nissim de Camondo für Sie wird, ein Ort ohne Anführungszeichen, ohne Vitrinen, Absperrbänder oder Stadtführer. Sie haben einen Raum geschaffen, wo man mit den Toten sprechen, wo man sie hereinbitten kann.

XLI

Cher Monsieur,
   da in Ihrer Bibliothek etliche Bücher mit Essays stehen, habe ich mir überlegt, in der Manier Montaignes ein paar Themen zur Diskussion vorzuschlagen:

- Warum Sie von allem Durchschläge aufbewahren.
- Wie man die Gäste an der Tafel platziert und Möbel im Haus arrangiert.
- Wie es ist, halb taub zu sein.
- Wie es ist, halb blind zu sein.
- Über Betten. Wie schläft man in einem Bett solcher Größe?
- Über Kaddisch.
- Über Küchengeräusche.
- Darüber, anspruchsvoll zu sein.
- Über die Zeitungen. *Le Figaro* kommt täglich, *Le Gaulois* kommt täglich, *L'Illustration* kommt monatlich, *La Revue de l'art* kommt monatlich, die *Gazette des beaux-arts* kommt monatlich.
- Über Spiegel. Über Glas. Über Oberflächen, die spiegeln, und solche, die es nicht tun.
- Über die Bacchantin. Wirklich?
- Über Gerüche. Über Kamille und Montrachet.
- Über das Geräusch von Kindern im Haus.
- Über das Geräusch von Silberbesteck auf Porzellan.
- Über das Geräusch, wenn der Gärtner die Hecken schneidet.

- Über die Essenseinladungen, die Sie für den Louvre und Marsan gaben. Wie lange dauert ein Mittagsmahl?
- Über das Sammeln von Dingen, die Madame de Pompadour gehörten, wie das japanische Lackfläschchen im *grand salon*. Warum sie? Ich kann es erraten, möchte aber mehr wissen.
- Über das Porträtsitzen. Carolus-Duran und Boldoni und Renoir. Wie wählt man aus? Wie ist es, im Salon ein Bildnis von sich selbst zu sehen?
- Über Familiengräber.
- Darüber, wie man Leute begrüßt. Gäste können zu Pferd, mit dem Auto oder zu Fuß am Haus eintreffen. Diskutiere das.
- Darüber, was die Kunsthändler Ihnen gerade verkaufen wollen. Da ist ein Umschlag von X aus London mit sechs Fotografien. Man hat das Vergnügen, Sie einzuladen, die Gelegenheit wahrzunehmen, diese Werke – äußerst bedeutende Beispiele des Werks von Y aus *le garde-meuble de la reine* – zu reservieren. Ich flehe Sie an, das zu nehmen. Es sollte neben Ihren anderen Kostbarkeiten den perfekten Ton treffen.
- Über Bequemlichkeit in Ihrem Museum: »Da die Besucher meist ihre Mäntel anbehalten, sollte nur dieser eine Eingang benutzt werden, vor allem weil es Kosten spart.«
- Über Aufklärung. Die Befreiung der Juden. Die Abschaffung der Sklaverei.
- Über Provenienz bei Objekten und Provenienz in Familien. Stammbäume als Inventare.
- Über Bäume. Über Liguster.

Das wäre einstweilen alles. Ich warte, um zu hören, was wir in Angriff nehmen sollen. *Essais* sind ein Beginn einer Unterhaltung, zufällig und abschweifend. Man kann nicht genau wissen, wo sie einen hinführen werden.

Nun gut, ein Letztes noch.

»Das Zimmer ist rund, außer einem geraden Stück Wand, gerade lang genug für meinen Tisch und meinen Stuhl, und bietet mir, wenn ich mich umdrehe, mit einem Blick alle meine Bücher dar«, schreibt Michel de Montaigne in seinem Essai »Dreierlei Umgang«.

Über den Besitz runder Bibliotheken: Michel Eyquem de Montaigne und Moïse de Camondo.

XLII

Also, Monsieur, nun möchte ich darüber schreiben, dass nichts ausgeliehen und nichts der Sammlung hinzugefügt werden soll. So steht es in Ihrem Testament. Ich freue mich sehr, dass es die eine Ausnahme für die *Gazette des beaux-arts* gibt, die den Dutzenden Bänden hinzugefügt werden soll, welche auf den geschwungenen Regalen in Ihrer Bibliothek stehen. Und dass Sie bestimmen, dass sie in rotes Saffianleder gebunden werden sollen. Doch man könnte es als pervers oder arrogant ansehen, zuerst eine Sammlung der Nation zu vermachen und dann darauf zu bestehen, dass sie nicht verändert werden dürfe. Sicherlich schafft das Probleme für die Generationen von Kuratoren, die diese Sammlung betreuen, dass keine Schätze ausgeborgt oder verliehen werden dürfen. Sie werden die Wallace Collection in London gekannt haben, die ähnliche Bestimmungen vorsieht, mit einer Parlamentsverfügung, nichts weniger. Und in Cambridge gibt es ein wunderbares Haus, Kettle's Yard, für das der Besitzer, bevor er es verließ, eine ähnliche Verfügung traf. Frische Blumen in einem Tonkrug auf einer Bank, genau so und nicht anders, die Kieselspirale, ein leerer Bilderrahmen, dessen Ausrichtung jeden Tag überprüft wird.

Manche regt das auf, aber ich verstehe den Antrieb, Dinge in Reglosigkeit zu erhalten, die Welt zu beschwichtigen. Genug. Ich bin hier, ich habe aufgehört, mich zu bewegen, herumzuwandern, und habe also diese Dinge um mich. Ich gehöre *hierher*.

Wenn ich ehrlich bin, dann hat mich das überrumpelt.

Ich liebe das Gefühl von Objekten im Transit, dieses Pulsieren, von dem ich Ihnen geschrieben habe, die Kontingenz, dass etwas *hier* ist, nicht *dort*. Aber als ich damit begonnen habe, Installationen zu schaffen, Töpfereien auf Regale oder in Schränke oder Vitrinen zu stellen, hoch oben im Raum oder manchmal unter dem Bodenniveau, mochte ich das Gefühl von etwas, das eben erst losgelassen, war, die Objekte noch warm von der Berührung.

Wenn die Installation funktioniert, dann gibt es eine Geräumigkeit darin, die Art Achselzucken, wenn etwas mit Sicherheit losgelassen werden, gehen kann. Es gibt kein Bedürfnis nach Festmachen, kein Dogma des Nichtbewegens, aber die Ahnung davon, dass die Welt für kurze Zeit innehält. Das Tempo der Dinge, die von Ort zu Ort geschickt werden, von meinem Brennofen zum Kunsthändler zur Sammlung, kann verlangsamt werden.

Es ist eine Atemwende, eine Zäsur.

Und so denke ich, das, was Sie hier tun, ist eine Art, Dingen Sicherheit zu geben. Ich glaube, Sie wissen, dass das schwierig und abwegig ist. Ich glaube, im Herzen wissen Sie, was Zerstreuung bedeutet. Sie wissen, dass die Welt entropisch ist.

Und ich glaube, Sie sehen das Entstehen dieser Diaspora und wollen diesen Stillstand und diesen Moment der Atemwende.

Sie schließen eine Wette auf die Zukunft ab.

XLIII

Oder vielleicht auch nicht, Monsieur.

Tut mir leid, dass ich mich so direkt wieder an Sie wende, besonders nach einem so bewegenden Schlusswort, aber letzte Nacht konnte ich nicht schlafen, da ich über Geschenke und Schenken nachgrübelte; wer gibt und wer empfängt.

Nissim gab sein Leben für Frankreich, und das Geschenk Frankreichs ist die Emanzipation, die Gleichberechtigung der Juden, eine Art Willkommen, Toleranz, ein Ort zum Niederlassen, eine Anhöhe voller Freunde und Verwandter, Konversation unter Gleichen.

Ich besitze das Exemplar von Théodor Reinachs *Histoire des Israélites depuis l'époque de leurs dispersion jusqu'à nos jours*, das meiner Großmutter Elisabeth gehörte.

Es endet mit den leidenschaftlichen Worten, dass der »Judaismus das Zerbrechen seiner jahrhundertealten Ketten der Revolution verdankt ... wir können sagen, dass jeder Jude heutzutage, der Erinnerung und ein Herz hat, ein zweites Vaterland besitzt, sein Vaterland in der Sprache, das Frankreich von 1791«; jener Augenblick, als die Juden die vollen Bürgerrechte erhielten.

Und Sie geben Frankreich das allervollkommenste Haus zurück, voller Kunst aus dem auserlesensten Moment der französischen Kultur, eine Spiegelung Frankreichs. Das Geschenk verknüpft Person und Ort, Nation, Familie.

Geschenke verbinden einen mit dem Empfänger, sie sind klebrig. Sie hinterlassen Rückstände. Ich weiß das.

Man hat mir eine Sammlung geschenkt, die auf diesem Goldhügel begonnen wurde.

Geschenke können zurückgenommen, aber nicht vergessen werden.

XLIV

Kann man eigentlich jemandem die Gleichberechtigung *schenken*?
 Mir ist eben eingefallen, dass im Speisezimmer die Büste einer schwarzen Frau steht, eine nach einem Modell von Houdon gegossene Bronze; an der Basis eine Inschrift:

> RENDUE À LA LIBERTÉ ET À L'EGALITÉ
> PAR LA CONVENTION NATIONALE
> LE 16 PLUVOISE DEUXIEME
> DE LA RÉPUBLIQE FRANCAISE
> UNE ET INDIVISBLE

Die Sklaverei wurde in Frankreich am 4. Februar 1794 abgeschafft. Diese Büste erinnert an einen Brunnen in einem Garten, dem Vorläufer des Parc Monceau; darauf stand das schwarze Bleimodell einer Sklavin, die aus einem vergoldeten Krug Wasser über ihre aus weißem Marmor gefertigte Herrin gießt. Diese Marmorstatue, heute im Metropolitan Museum, wurde während der Französischen Revolution »schwer beschädigt«. Hier im Speisezimmer ist die Büste umfunktioniert, um das moralisch Gute zu demonstrieren.
 Wie lang sollte man dankbar sein? Wie klebrig ist das?

XLV

Lieber Freund,

es gibt eine Beschaffenheit von Licht, splittrig, silbrig, leicht angelaufen oder gräulich. Es lässt mich an sehr frühe Sommermorgen denken, wie heute, oder an Spätnachmittage im Herbst.

Es scheint immer gerade geregnet zu haben, wenn ich hier bin, und ich denke an Eugène Atgets Fotografien von Paris.

Spiegelungen in Schaufenstern, Licht auf Stein, die Gärten in Versailles und St. Cloud, eine Nymphe auf einem Sockel, die sich von uns wegwendet, oder eine große Urne, und dann flache Stufen und eine Kiesfläche, die sich in die Ferne erstreckt, die leeren Tuilerien. Atget hat Obsessionen. Ich habe gerade einen Vormittag damit verbracht, mir alle seine Studien von Türklopfern und seine Hunderten Darstellungen von schönen Geländern an Treppenwendungen anzusehen.

Das ist *esprit de l'escalier*. Das Zurückblicken, um etwas zu sagen, und zu erkennen, dass niemand mehr da ist, Worte im Mund, die Entgegnung in der Luft hängend.

All diese Leere. Hat er gewartet, bis sie verschwunden waren? Gab es einfach weniger Leute in Paris?

Atget war Schauspieler, bevor seine Stimme Schaden nahm, und die Stadt ist seine Szenerie. Menschen, falls welche zu sehen sind, stehen auf den Schwellen ihrer geschlossenen Läden, geschlossenen Türen, warten auf ein Stichwort, auf ihren Kunden, ihren Klienten, auf das Klicken des Kameraauslösers.

Oder sie waren bloß und sind jetzt gegangen.

Er verwendet Silbergelatineplatten mit langer Belichtungszeit, fertigt Abzüge durch das Auflegen von lichtempfindlichem Papier auf das Glasnegativ. Dann werden die Fotos gewässert, goldgetönt und fixiert, bevor sie neuerlich gewässert werden. Sie besitzen eine Aura.

Sie sterben im November 1935. Die Eschen im Park Monceau werden endlich ihre Blätter verloren haben. Es gibt ein Foto, das von der Galerie aus in den *salon des Huet* aufgenommen wurde. Eine Reihe dieser Bilder entstand 1936.

Die Sonne fällt durch die Fenster ein, also muss es Nachmittag sein.

Das Barometer zeigt an, dass das Wetter schön ist. Der Schreibtisch ist leer. Der Stuhl ist zurückgeschoben.

Dies ist das Haus, das dabei ist, zum Museum zu werden. Es wird zu seinem eigenen Dokument. Es besitzt eine Aura.

Abgang rechte Bühnenseite, die Worte hängen in der Luft.

XLVI

Mon cher Monsieur,

am 21. Dezember 1936 findet eine Zeremonie zur Übergabe Ihres Hauses und Ihrer Sammlungen an das *Musée des Arts Décoratifs* statt. Es ist eine festliche Veranstaltung. Ein klarer Wintertag.

Communiqué

In Anwesenheit von Monsieur François Carnot, Präsident der Mitglieder des Conseil d'administration de l'Union Centrale des Arts décoratifs und vieler führender Angehöriger der Kunstwelt eröffnete M. Jean Zay, Minister für Unterricht, heute in der Rue de Monceau Nummer 63 das Musée Nissim de Camondo ...

Nach einer Rede von M. F. Carnot antwortete der Minister und drückte Mme Reinach seinen Dank für die außerordentliche Großzügigkeit ihres Vaters aus. Unter Leitung von M. Jacques Guerin unternahm der Minister einen Rundgang durch die Räumlichkeiten, wo eine bemerkenswerte Kollektion zu finden ist, welche den erlesenen Geschmack und die opulente Atmosphäre der zweiten Hälfte des 18. Jahrhunderts heraufbeschwört.

Das Musée Nissim de Camondo wird am 29. und 31. Dezember und danach ab dem 5. Januar am Donnerstag, Freitag und Samstag von 13 bis 16 Uhr und am Sonntag von 10 bis 12.30 und von 14 bis 16 Uhr für das Publikum geöffnet sein.

Ein eleganter Katalog wird gedruckt, auf dem Umschlag in Rot und

Schwarz *Musée Nissim de Camondo* und Ihr Monogramm. Gegenüber der Titelseite ein Foto von Nissim in Uniform, darunter seine Lebensdaten. Ein kurzer Essay von Carle Dreyfus dient als Einleitung. Und dann folgt ein Gang durchs Haus, jedes Objekt wird getreulich beschrieben. Von jedem Raum gibt es eine Fotografie.

In der Porte cochère ist eine Wandtafel angebracht, die nun von Unterrichtsminister Jean Zay enthüllt wird.

LE MUSEE
ANNEXE DU MUSEE DES ARTS DECORATIFS
A ETE LEGUE A LA FRANCE
PAR LE
COMTE MOÏSE DE CAMONDO
1860–1935
VICE-PRESIDENT
DE L'UNION CENTRALE DES ARTS DECORATIFS
EN SOUVENIR DE SON FILS
NISSIM DE CAMONDO
1892–1917
LIEUTENANT AU 2EME GROUPE D'AVIATION
TOMBE EN COMBAT AERIEN
LE 5 SEPTEMBRE 1917

Béatrice ist zugegen, Léon und Ihre beiden Enkelkinder, Fanny und Bertrand. Es sind liebe Kinder. Bertrand hat lange Stirnfransen, die er sich immer wieder aus dem Gesicht streichen muss. Er ist dreizehn. Fanny ist sechzehn, elegant gekleidet und sieht unbehaglich aus wegen des ganzen Getues. Sie ist pferdenärrisch, wie ihre Mutter, ihre Großmutter.

Ihre Großmutter Fanny Reinach ist gestorben und hat dem Musée des Arts Décoratifs in Erinnerung an Charles Ephrussi eine riesige Sammlung von Bronzen gestiftet. Théodore Reinach ist gestorben und hat die Villa Kérylos, das schöne griechische Konfektgebilde an der Riviera, dem Institut de France vermacht. Das Château Reinach – weit weniger schön – hat er dem Departement Savoyen hinterlassen, eine Schule soll darin eingerichtet werden. Er wusste, was Dankbarkeit ist, positionierte sie genau in der Geschichte, fand klassische Philosophen, die seine Weltanschauung teilten. Er zitiert zustimmend Philo von Alexandrias Feststellung, dass die Juden »jenes Land, in dem sie lebten«, als ihr »wahres Vaterland« betrachteten. Théodores letztes Buch, *Contre Apion*, gemeinsam mit seinem Freund Léon Blum übersetzt, ist eine Edition der polemischen Verteidigung des Judentums durch den jüdischen Geschichtsschreiber Josephus Flavius im ersten Jahrhundert. Blum ist jetzt Ministerpräsident, der erste jüdische Ministerpräsident Frankreichs.

Cousine Béatrice Ephrussi Rothschild ist gestorben und hat ihr absurdes rosarotes Schloss an der Côte d'Azur, ein paar Kilometer entfernt von Kérylos und viel prunkvoller, der Académie des Beaux-Arts vermacht.

Die Schenkungen Ihres Cousins Isaac an den Louvre umfassen 107 Seiten des dazu gedruckten Katalogs: Kunst der Renaissance, Möbel des 18. Jahrhunderts, japanische Drucke und Netsuke, dazu Gemälde von Cézanne und Corot und elf Werke von Degas und sieben von Manet und vierzehn von Monet. Und das Bild einer Vase mit Fritillarien von Vincent van Gogh.

Charles Cahen d'Anvers, Irènes Bruder, hat das Château de Champs-sur-Marne dem französischen Staat geschenkt.

Es ist eine Menge, wofür man den Franzosen dankbar sein muss.

Sie sind Franzose. Ihr Sohn hat sein Leben für Frankreich gegeben, und Sie geben Frankreich ein perfektes *hôtel* zurück, angefüllt mit Werken der »dekorativen Künste, die zum Ruhmreichsten Frankreichs in jener Epoche gehörten, die ich vor allen anderen liebe«. Das Museum soll seinen Namen tragen, denn dies ist das Haus und dies sind die Sammlungen, die für ihn bestimmt waren.

Und das ist der perfekt kuratierte Abschluss: das Testament, die Instruktionen, der Katalog, der Kurator, die alten Bediensteten versorgt, Béatrice glücklich, Verantwortung abgeben zu können. Sie möchte nicht in einem Museum wohnen.

»Glück des Sammlers, Glück des Einsamen: tête à tête mit den Dingen. Ist nicht das die Beseligung, die über unsern Erinnerungen waltet: dass wir in ihnen mit Dingen allein sind, die sich stillschweigend um uns anordnen und dass selbst die Menschen, die dann auftauchen, dieses zuverlässige, bündnishafte Schweigen der Dinge mit annehmen. Der Sammler ›stillt‹ sein Schicksal. Und das heißt, er verschwindet in der Welt der Erinnerung«,

schreibt Walter Benjamin.
Der Meister geht.
Sie gehen.

MUSÉE
NISSIM DE
CAMONDO

UNION CENTRALE
DES ARTS DÉCORATIFS

XLVII

Sie wären angetan gewesen, Monsieur.
Le Monde Illustré vom Samstag, 26. Dezember 1936.
In San Salvador gab es ein Erdbeben (davon sind Bilder zu sehen). In Tokio wird der Pakt zwischen Hitlerdeutschland und Japan enthusiastisch gefeiert. (Fotos von Japanern mit Hitlergruß, Hakenkreuz- und japanischer Flagge.) Der rumänische Außenminister wurde in Paris empfangen. Man sprach über die deutsche Unterstützung für Franco. (Foto von Bombenkrater in Madrid.) *Imbroglio Chinois*: Foto des inhaftierten Tschiang Kai Schek. Der Herzog von Windsor empfängt auf Schloss Enzesfeld Fotografen. »*Il est muet. Aucune déclaration.*« Die Fotografen dürfen ihm beim Golfspielen zusehen. Keine Spur von Mrs. Simpson. (Foto des Herzogs von Windsor in grauem Anzug.) *Femmes de fer et de caoutchouc*: Miss Drake, blond, Schlangenfrau, kann sich in einen Würfel mit fünfzig Zentimeter Seitenlänge zwängen (Abbildung).

In Paris gibt es ein neues Museum, schreibt Carle Dreyfus (sechs Illustrationen).

Ein zusammenklappbares Fahrrad wurde erfunden. Neue Skiausrüstungen für die Saison.

Le Monde illustré présente à ses abonnés et ses lecteurs ses meilleurs voeux par l'année 1937.

Der Umschlag zeigt Gonet und Big Boy, zwei Schimpansen, die Geige und Ziehharmonika spielen.

XLVIII

Neuilly ist angenehm, ruhig und wohlhabend; aus Léons und Béatrices Duplex-Apartment blickt man direkt auf die Baumwipfel des Bois de Boulogne. Es liegt gegenüber dem Eingang zum Park, weniger als fünfzehn Minuten braucht man, um durch den Park zum Étrier de Paris zu kommen, dem Reitclub samt Ställen, wo Béatrice und Fanny ihre Pferde stehen haben. Zehn Minuten Gehzeit entfernt hat Léons Bruder Julien ein ziemlich elegantes modernes Haus gebaut. Er arbeitet an einer Übersetzung der *Institutiones* des römischen Juristen Gaius: »Gesetz ist, was das Volk anordnet und festsetzt.«

L'Étrier ist der Ort für die schicken Pariser und ihre Pferde. Fanny ist siebzehn. Sie führt Aufzeichnungen über ihr Vielseitigkeitsreiten.

Sie beginnt am *8 oct. '37 (mes débuts)*. *Les Sablons*. Es ist ein *parcours de chasse* im Bois de Boulogne. Sie notiert jede Begebenheit, das Datum, ihre Leistung. Jede Fotografie wird beschriftet.

Florino – 14 octobre 1937
Florino – 11 novembre 1937
Florino – 15 novembre 1937. Prix de Dames (8/13)
Florino – 18 novembre 1937 (Étrier). 8
Florino – 10 février 1938
Florino – 2 juin 1938. Prix des Dames 3/22

Im Halatte-Wald gibt es Jagden, auf die man sich freuen kann, im Wald von Compiègne Ausritte mit den Rothschilds. Und noch mehr Dressurreiten. Im Juli 1938 findet eine Reihe von Abendgalas im Étrier statt, unter der Patronanz von Achille Fould, mit Spring- und Dressurreiten und Zirkustricks, und dann ein prächtiges »*gala costumé, qui permet d'admirer les plus jolies femmes de l'Étrier et les cavaliers les plus reputés dans les costumes de toute beauté*«. Mutter und Tochter treten auf.

Bertrand tut sich schwer in der Schule. Er möchte eine Ausbildung als *ébéniste* machen, möchte das Furnieren erlernen. All die Nachmittage im Haus seines Großvaters müssen sich ausgewirkt haben. Auf einem Foto hält er seinen Hund eng an sich gepresst und lächelt.

Léon versucht es manchmal mit dem Schreiben.

Und der neue Premierminister Léon Blum wird von Mitgliedern der Camelots du Roi, den mit der royalistischen und antisemitischen Action Française in Verbindung stehenden jugendlichen Schlägern, aus seinem Auto gezerrt und beinahe umgebracht.

Xavier Vallet, Mitglied der Nationalversammlung, meint zu Blum:

»Ihr Machtantritt ist zweifellos ein historisches Ereignis. Zum ersten Mal wird dieses alte gallisch-römische Reich von einem Juden regiert werden. Ich wage es laut auszusprechen, was das Land denkt ... Für dieses Land wäre es besser, von einem Mann angeführt zu werden, dessen Ursprünge in seiner Scholle liegen, als von einem gerissenen Talmudisten.«

Und der umjubelte Louis-Ferdinand Céline veröffentlicht Pamphlete über die Juden und was ihnen zustoßen sollte. *Bagatelles pour un massacre* ist außerordentlich erfolgreich und verkauft 75 000 Exemplare allein im Jahr 1937.

Das Musée Nissim de Camondo ist außerordentlich beliebt. Dünne rote Samtschnüre wurden angebracht, damit die Besucher nicht die Möbel anfassen. Die Öffnungszeiten müssen verlängert werden.

PAMPLEMOUSSE   1er août 1942

XLIX

Sie sind penibel, also schreibe ich es so hin, wie es geschehen ist.

L'Exode beginnt. Am 11. Juni 1940 erklärt die französische Regierung Paris zur offenen Stadt. Am 14. Juni marschiert ungehindert die Wehrmacht ein.

Marschall Pétain, der Held von Verdun, begründet in Vichy, dem Regierungssitz der nicht besetzten Zone, den État français.

Am 16. Juli wird vom Vichy-Regime ein Gesetz zur Rücknahme der Einbürgerungen erlassen.

Am 27. September verlangen die Deutschen eine Zählung aller Juden in der besetzten Zone. Unter Aufsicht der französischen Polizei wird rasch ein Register aller Juden in Paris fertiggestellt.

Am 3. Oktober 1940 führt Pétain einige Änderungen durch, die den *statut des Juifs* noch verschärfen, und unterzeichnet ihn dann. Juden werden aus der Armee, der Presse und allen Regierungsämtern ausgeschlossen. Julien Reinach, der bald zum *conseiller d'état* ernannt werden soll, wird von einem ehemaligen Kollegen vorgeladen und bekommt zu hören, dies sei nun unmöglich.

Ein Jude wird definiert als »jede Person, die von drei Großeltern jüdischer Rasse oder zwei Großeltern derselben Rasse abstammt, falls sein/ihr Ehepartner selbst jüdisch ist«.

Artikel 8 des Statuts enthält eine Klausel, die Ausnahmen für jene Juden vorsieht, welche sich Verdienste um den französischen Staat erworben haben. Béatrice denkt an ihren Bruder mit seiner *Légion d'honneur*, an das Geschenk ihres Vaters an den französischen Staat, die Schenkungen ihres Onkels an den Louvre. Sie denkt an ihre mondänen Freunde: Sie reitet mit der Marquise de Chasseloup-Laubat und der Comtesse Sauvan d'Aramon. Diese sind Freundinnen Pétains.

Am 4. Oktober wird ein Gesetz erlassen, das die Internierung jüdischer Ausländer vorsieht.

Léon vertraut die wertvollsten Teile ihrer Sammlung den Musées Nationaux an, die sie zur Sicherheit ins Schloss Chambord transferieren. Hier werden die Schätze des Louvre aufbewahrt.

Der deutsche Botschafter Otto Abetz stellt für die Gestapo eine Liste jüdischer Kunsthändler zusammen. Jacques Seligmann, die Brüder Bernheim-Jeune, Paul Rosenberg.

Fernand de Brinon, *délégué général* für die besetzten Gebiete, beschlagnahmt das Haus in der Rue Rude, das der Prinzessin de Faucigny-Lucinge gehört, einer Verwandten der Ephrussis, ehemals Brautjungfer bei Moïses und Irènes Hochzeit.

Am 25. Oktober werden 6538 Juden aus Baden in das Anhaltelager Gurs nahe Pau an der spanischen Grenze deportiert. Im Lager befinden sich bereits Spanier, die vor Franco geflohen sind, sowie »*les indésirables*«. Die Bedingungen sind grauenhaft. Das Lager ist überfüllt und der Unbill des Wetters ausgesetzt.

Am 11. Mai 1941 eröffnet in Paul Rosenbergs beschlagnahmter Galerie in der Rue la Boétie 21 das Institut d'Étude des questions Juives. Zitate von Drummond und Pétain werden an die Wand gehängt. »Die Juden kamen arm in ein reiches Land. Sie sind jetzt die einzigen Reichen in einem armen Land.« Eine Schautafel mit »französischen Gesichtern« neben einem lebensgroßen Foto von Léon Blum soll behilflich sein, Juden zu identifizieren.

Das Jeu de Paume wird zum Magazin für enteignete Kunstwerke.

Am 2. Juni wird der *statut des Juifs* revidiert; es soll jetzt eine genaue Zählung aller Juden in der nicht besetzten Zone geben. Man muss die Familie angeben, das Glaubensbekenntnis, die Ausbildung und das gesamte Vermögen. Das neue Gesetz setzt den Juni 1940 als den letzten Zeitpunkt fest, zu dem Übertritte zum Christentum noch als gültig anerkannt werden.

Am 21. Juni gilt für alle Berufe ein Numerus clausus, der die Anzahl von Juden auf einen bestimmten Prozentsatz beschränkt. Jüdische Studenten werden von den Universitäten ausgeschlossen, jüdische Ärztinnen und Ärzte dürfen nicht mehr praktizieren, jüdische Unternehmen werden »arisiert«. »Das ist kein Hinauswurf. Sie werden nicht der Mittel zu ihrer Existenz beraubt. Es verbietet ihnen bloß die Funktionen, womit sie die französische Seele oder französische Interessen lenken könnten«, schreibt der Vichy-Justizminister Barthélemy in *La Patrie*.

Léon versucht Teile der Kunstsammlung wiederzuerhalten, die jetzt aus Chambord abgeholt worden ist. Am 10. August 1941 schreibt er aus Neuilly-sur-Seine, Boulevard Maurice Barrès 64, an Jacques Jaujard, den Direktor der Nationalmuseen. Jaujard war ein häufiger Gast bei den Déjeuners zugunsten des Louvre in der Rue de Monceau. Léon macht sich am meisten Sorgen um das »Renoir-Porträt von Irène, der Mutter meiner Frau«. Er erwähnt, dass seine Familie und die seiner Frau »das Patrimonium ihrer angenommenen Heimat sehr bereichert« hätten.

Jaujard interveniert, indem er den Brief an Xavier Vallat weiterschickt, der das Generalkommissariat für Judenfragen in der Vichy-Regierung leitet. Vallats Antwort ist ein an den Rand gekritzeltes *Non*.

Vom 20. bis 25. August werden 4232 jüdische Männer zusammengetrieben. Man bringt sie in ein Internierungslager im nordöstlichen Vorort Drancy, das in einer von den Nazi-Autoritäten beschlagnahmten modernen Wohnanlage eingerichtet wurde. Diese Anlage ist als *Cité de la Muette* bekannt; Wohnhäuser umschließen in Form eines U einen offenen Platz, zweihundert Meter lang und vierzig Meter breit. Die Anlage wird von französischer Polizei bewacht. Dort befinden sich Juden, andere Gefangene, die eine Gefahr für die nationale Sicherheit darstellen, und sie dient auch als Reservoir für Geiseln, die als Vergeltung für

Angriffe auf deutsche Soldaten ermordet werden können. Die Essensrationen sind kärglich, die sanitären Bedingungen grauenhaft. Die Gebäude sind noch nicht völlig fertiggestellt – Betonböden, schlecht schließende Fenster.

Die Vorschriften sind willkürlich und hart. Die Gefangenen dürfen nicht von einem Treppenhaus ins andere gehen oder aus dem Fenster sehen. Besuche sind verboten, die Post wird zensuriert. Im Keller befindet sich ein Strafblock. Von Le Bourget und Bobigny aus führen Zugverbindungen nach Deutschland und weiter nach Polen.

Am 5. September 1941 öffnet im Palais Berlitz die Ausstellung *Le Juif et la France*, sie läuft bis ins neue Jahr. Sie wurde vom Institut d'Études des questions Juives organisiert und lockt eine halbe Million Besucher an. Es gibt einen Katalog, in dem Generalsekretär Paul Sézille schreibt, man wünsche »diejenigen unserer Mitbürger, die noch bei klaren Sinnen und guter Urteilskraft sind, von der Dringlichkeit zu überzeugen, die Dinge so zu sehen, wie sie sind, und dann ... entsprechend zu handeln«.

Im Dezember 1941 trennt sich die Familie, Léon fährt in die unbesetzte Zone. Béatrice, Fanny und Bertrand bleiben am Boulevard Maurice Barrès 64 in Neuilly-sur-Seine. Béatrice und Fanny reiten nach wie vor im Bois de Boulogne aus.

Am 7. Februar 1942 wird den Juden verboten, die Wohnung zu wechseln oder nachts unterwegs zu sein. Am 27. März geht der erste Transport mit Juden aus Drancy nach Auschwitz ab.

Am 29. Mai 1942 werden die Juden verpflichtet, ab sofort einen gelben Stern mit dem Wort *Juif* zu tragen. Den müssen sie sich von einer Polizeistation abholen, wo sie ihre Adresse nachzuweisen haben. Für den Stern müssen sie Textilkarten aus ihrer Ration verwenden. Sie müssen ihn auf der linken Seite ihres Mantels tragen. Juden dürfen nur den letzten Waggon der Métro benutzen. Sie werden aus öffentlichen Konzerten, Theatern, Restaurants, Schwimmbädern, aus dem Bois de Boulogne verbannt. *Paris-Midi* berichtet, »die Unmenge von

Juden auf dem Pariser Pflaster hat auch den Blindesten die Augen geöffnet«.

Am 24. Juni schreibt der Präfekt des Département Meuse:

»Ich habe die Ehre zu berichten, dass zwei Züge mit Israeliten aus der Region Paris am 22. Juni den Bahnhof Bar le Duc in Richtung Deutschland passiert haben. Diese Transporte bestanden aus Männern unter vierzig Jahren, denen man die Haare kurzgeschoren hatte.
Zwei Waggons waren von Mädchen besetzt, die Älteste mochte fünfundzwanzig gewesen sein. Keine besonderen Vorkommnisse zu berichten.«

Béatrice und Léon trennen sich in aller Form. Am 1. Juli 1942 tritt Béatrice im Kloster Sainte-Bathilde in Vanves zum Katholizismus über.

Die Razzien vom Vélodrome d'Hiver beginnen am 16. Juli 1942 um vier Uhr morgens. Französische Polizisten in 888 Gruppen werden fünf Arrondissements zugeteilt. Fünfzig Busse von der Compagnie des Transports requiriert. Keine Deutschen sollen sich blicken lassen. An diesem Tag werden 13 152 Juden festgenommen. Sie dürfen eine Decke mitnehmen, einen Pullover, Schuhe, zwei Hemden. Fünf Tage lang werden sie im Velodrom festgehalten. Es gibt wenig zu essen und zu trinken. Sanitäranlagen sind nicht vorhanden, es herrschen erbärmliche Zustände. Es gibt 106 Selbstmorde, 24 Personen sterben, darunter zwei schwangere Frauen.

Die festgenommenen Juden werden nach Drancy überstellt. Vierzig bis fünfzig Personen in einem Raum, geschlafen wird auf Stroh.

Viertausend Kinder zwischen zwei und zwölf Jahren werden von ihren Eltern getrennt. Viele sind zu jung, um ihren eigenen Namen zu kennen. Auf den Deportationslisten werden sie mit Fragezeichen bezeichnet. Etliche sind zu klein, um in die Viehwaggons zu klettern, man hebt sie hinein. Sie werden nach Auschwitz deportiert.

Deportationszüge von Drancy nach Auschwitz gehen am 22., 24., 27., 29. und 31. Juli ab.

Am 23. Juli konstatiert die Pariser Zeitung *Le Matin*, es sei »eine exzellente, risikolose Investition, einen jüdischen Haushalt zu erwerben«.

Am 1. August wird Fanny fotografiert, wie sie in L'Étrier auf Pamplemousse eine Hürde überspringt. Sie sieht aus wie ihre Mutter.

Im August gehen dreizehn Transporte ab.

Am 13. August erteilt die Zeitung *Au Pilori* einen Ratschlag zur Denunziation von Juden:

»Zahlreiche Leser fragen uns, an welche Organisation sie sich wenden sollen, um finstere Machenschaften oder Betrügereien der Juden anzuzeigen. Es genügt, einen Brief oder eine einfache unterschriebene Notiz an das Hochkommissariat für Judenfragen zu richten, oder andernfalls an unsere Zeitung, die es weiterleiten wird.«

Die Redaktionsräume befinden sich in der Rue de Monceau 43. Arisiert von der Kunsthändlerfamilie Kraemer.

Am selben Tag werden Radiogeräte beschlagnahmt. Am nächsten verbietet man den Juden, Fahrräder zu besitzen.

Am 25. August wird 26 Personen die Ausnahme von der Verpflichtung gewährt, den Stern zu tragen. Die Marquise de Chasseloup-Laubat erhält eine. Béatrice nicht. Zahlreiche Petitionen gehen an die Behörden. Jüdische Feuerwehrmänner müssen den Stern an ihrer Uniform tragen. Kriegsdekorierte jüdische Veteranen sollen den Stern tragen, nicht aber ihre Orden und Abzeichen.

Am 10. September veröffentlicht *Au Pilori* einen Brief von Céline: »Ich habe mich immer für die Verleumdung ausgesprochen. Ich liebe sie. Die stärksten Pflöcke, die kürzesten Stricke sind, so habe ich es erfahren, auf diese Weise eingeschlagen, angebracht worden, ganz unaufgefordert.« Sein neues Buch, *Les Beaux Draps*, ist »*La corde des pendus*«, dem Henkersstrick, gewidmet.

»(Der Jude) singt, welch Lied man immer von ihm verlangt, tanzt zu allen Arten Musik ... imitiert alle Tiere, alle Rassen ... Er ist ein Nachäffer. Kunst ist nur Rasse und Vaterland! Erlösung durch die Künste!«

Im September 1942 schreibt Béatrice einen Brief an »Ma bonne Moumouche«, Madame de Leusse. Sie reitet immer noch gern und hat ihr Pferd bei neuen Freunden untergestellt.

»Ich bin mir gewiss, dass ich auf wunderbare Weise beschützt bin, dass dies seit Jahren so war, aber erst in diesem Jahr habe ich verstanden, woher all meine Segnungen kommen. Aber werden mir genügend Jahre bleiben, um Gott und der Jungfrau Maria angemessen für ihren Schutz zu danken? Ich bin ein so kleines Ding, solch eine Novizin, so unwürdig ...«

Am 26. Oktober 1942 wird die Scheidung von Béatrice und Léon rechtskräftig. Léon flieht nach Pau, achtzig Kilometer vor der spanischen Grenze in den Pyrenäen gelegen. Er nimmt sich eine Wohnung am Boulevard des Pyrénées 14. Sie liegt im dritten Stock, von den Fenstern aus sieht man auf die Berge. Die Kinder sind noch in Paris bei ihrer Mutter. Bertrand arbeitet als *ébéniste*.

Am 8. November beendet die Vichy-Regierung die Ausgabe von Visa für Juden. Drei Tage später überqueren deutsche Truppen die Demarkationslinie zur nicht besetzten Zone.

In der Woche vom 28. November bis zum 4. Dezember 1942 nehmen die Schikanen gegen die Pariser Juden noch weiter zu.

Am 5. Dezember 1942 werden »*Louise Carmendo, femme Reinac*« (sic) und ihre Tochter Fanny festgenommen, weil sie den gelben Stern nicht getragen haben. Um halb ein Uhr mittags bringt man sie in ein Kommissariat im 16. Arrondissement. Am nächsten Tag um drei Uhr nachmittags werden sie nach Drancy weitergeschickt. Dort befinden sich 2420 Menschen.

Bei ihrer Ankunft erhalten Béatrice und Fanny die Nummern 413 und 415 für Kategorie C1, Juden, die in Büros, Küchen und Krankenhäusern arbeiten.

Auf einem kleinen Kärtchen ist angeführt, dass Béatrice verheiratet ist und zwei Kinder hat. Kein Beruf. Mit roter Tinte hat jemand »*divorcée 26 octobre 42*« darauf geschrieben, »Reinach« durchgestrichen und »de Camondo« eingefügt.

Fanny Louise Reinach ist *célibataire étudiante*.

Beide sind % A. A. IV J. Das bedeutet, dass alle vier Großeltern Juden sind; darunter ist getippt: *à ne pas libérer*.

Léon und Bertrand werden am 12. Dezember im Ariège festgenommen, ein paar Kilometer vor der spanischen Grenze. Am 3. Februar 1943 kommen sie in Drancy an. Auf ihren Karten steht zu lesen, dass Bertrand Nummer 414 ist. Sein Wohnort ist Boulevard des Pyrénées 14, Pau. Er hat Verwandte im Lager. Er arbeitet mit Holz. Er ist zwanzig. Léon ist Nummer 1719. Geschieden. Zwei Kinder im Lager. Komponist.

Béatrice arbeitet in der Lagerküche. Fanny in der Krankenstation. Léon komponiert und schreibt Gedichte.

Der Direktor des Institut de France schreibt an Fernand de Brinon, *délégué général* für die besetzten Gebiete, und ersucht um Léons Freilassung am 31. März 1943. Einen Monat später kommt eine Antwort von SS-Sturmbannführer (Unterschrift unleserlich):

»Paris, den 22. 4. 1943
1. Vermerk
Betr.: Stellungnahme zur Intervention des Institut de France über de Brinon zu Gunsten von Léon Reinach

Der Vorgenannte hat hier keine Vorgänge und ist bisher politisch nicht näher in Erscheinung getreten. Reinach gehört selbst nicht zu den Mitgliedern des Institut de France, wohl aber verdankt das Institut de France ihm ansehnliche Schenkungen. Durch die Wegnahme des R. auf Grund der Judenmassnahmen bestehen für deutsche Interessen keine Schäden; der das Gesuch mit unterzeichnende Duhamel ist bekannt für seine ablehnenden und deutschfeindlichen Tendenzen. Er ist ständiger Sekretär der Académie Française.
Nach hiesiger Auffassung vertritt selbst de Brinon kaum das Interventionsgesuch, da er es mit keinem Worte selbst befürwortet. Von hier aus wird empfohlen, keine Antwort zu geben oder die Angelegenheit dilatorisch verlaufen zu lassen.«

Es gibt neue Depots für Möbel, Kunstgegenstände, Porzellan, Kleidung, Klaviere, Kinderspielsachen, Küchengeräte, Bett- und Tischwäsche, die aus von Juden »verlassenen« Wohnungen in Paris beschlagnahmt wurden. In Austerlitz und Levitan wurden Lager eingerichtet. Das Haus der Cahen d'Anvers dient nun der Sortierung jüdischen Eigentums und heißt schlicht Bassano. »69 619 jüdische Wohnungen, von denen sich 38 000 in Paris befinden, wurden von allem täglich oder gelegentlich Gebrauchten geleert.« Im Jeu de Paume befinden sich geplünderte Kunstgegenstände, aus denen sich die Nazis etwas aussuchen. Am 24. Dezember gelingt es Jacques Jaujard, die Besetzung des Musée Nissim de Camondo zu verhindern.

Am 24. März verfasst das Referat IV B der Gestapo einen *Vermerk sur Léon Reinach*. Auf Deutsch. Er fasst die Argumente gegen ihn zusammen: Bertrands unerlaubte Fahrt in die nicht besetzte Zone, die Festnahme von Léons Frau und seiner Tochter, weil sie den gelben Stern nicht getragen haben. Und dann heißt es, Reinach zeige die »typischen Merkmale des Juden (Hakennase, dünne Lippen, beschnitten, unmoralisch)«. Zudem habe er sich im Lager unverschämt und anmaßend benommen, und man empfehle, ihn samt seiner Familie auf den nächsten Judentransport zu schicken.

Julien und Rita Reinach sind in der Villa Kérylos verhaftet, nach Nizza und dann nach Drancy gebracht worden.

Am 3. Juli 1943 übernimmt der SS-Offizier Alois Brunner von den französischen Behörden die Leitung des Sammellagers Drancy, mit der Order, die Deportationen zu beschleunigen. Er ordnet tägliche Appelle an.

Im Sommer beginnt Léon mit vierzig anderen, in drei Gruppen organisierten Personen einen Tunnel zu graben. Der Tunnel ist 120 Zentimeter hoch, sechzig Zentimeter breit und dreißig Meter lang, als er am 9. November entdeckt wird. Drei Meter fehlen noch auf die Fertigstellung. Vierzehn Männer werden sofort deportiert, als Vergeltung werden alle aus Kategorie C1 in die Kategorie B versetzt – Deportation. Am 17. November wird auf den Karten von Léon, Fanny und Bertrand das blaue C1 durchgestrichen und ein rotes B drübergekritzelt.

Am 20. November 1943 um 11 Uhr 50 werden Léon, Fanny und Bertrand durchsucht und dann in den Transport 62 gezerrt, der von der Gare de Bobigny Richtung Auschwitz abgeht. 1200 Personen befinden sich in diesem Transport. Nach der Ankunft werden 914 ermordet. Léon und Bertrand werden in die Lager Birkenau und Monowitz gebracht.

Am 31. Dezember 1943 stirbt Fanny in Auschwitz. Sie ist zweiundzwanzig, als man sie ermordet.

Béatrice ist noch in Drancy. Sie schreibt nach wie vor an ihre Mutter Irène, möchte alles in die Wege leiten, damit ihre Mutter weiterhin die finanzielle Beihilfe erhält, die sie und Léon ihr gewähren. Die Comtesse Sampieri ist in Paris. Sie steht in Verbindung mit Georges Prade, Mittelsmann, Mitarbeiter und Freund von Jean Luchaire, Verleger des antisemitischen *Nouveau Temps*. Prade wird im Hotel Majestic in Gesellschaft von französischen Gestapomännern gesehen, er ist überall in lukrative Geschäfte involviert. Man kennt ihn als jemanden, der um den richtigen Preis jemanden loseisen kann. Prade setzt sich bei Xavier Vallat, dem Ex-Generalkommissar für Judenfragen, für Irène ein. Nichts geschieht.

Am 7. März 1944 um vier Uhr früh werden die Internierten in Drancy geweckt und zur Gare de Babigny getrieben. Béatrice ist eine von 1501 Personen im Transport 69. Unter ihnen befinden sich 178 Kinder. Bis Auschwitz dauert es drei Tage. Wasser erhalten sie keines.

Am 22. März 1944 stirbt Bertrand in der Krankenstation im Lager Monowitz. Er ist zwanzig, als man ihn ermordet.

Am 3. Mai werden Julien und Rita Reinach nach Bergen-Belsen deportiert.

Am 4. Mai findet auf dem Friedhof Père Lachaise ein Gedenkgottesdienst zum hundertsten Geburtstag von Édouard Drumont statt. Reden werden gehalten. Die Berge an Blumenspenden verdecken beinahe seine Bronzebüste. Man hat seinem Grabmal die Inschrift »Dem Autor des unsterblichen Meisterwerks *Das verjudete Frankreich*« zugefügt.

Am 12. Mai 1944 wird Léon in Birkenau ermordet, zwei Wochen vor seinem fünfzigsten Geburtstag.

Béatrice wird am 4. Januar 1945 in Auschwitz ermordet. Sie war fünfzig.

17.331   Franç d'orig.

R E I N A C H
Fanny Louise
26.7.1920 Paris 8°
célibataire étudiante

64 bd Maurice Barrès
NEUILLY s Seine

s/% des A?A. IV J à ne
pas libérer

6 DEC 42

Famille au Camp
ma ds soeur 1719.415
+ père DE LAMONDO 413
19.27

128-E — 2303-42

20 NOV 1943

C C B 4 4 II 2 1 1 6/2

Nom : REINACH

Prénoms : Bertrand

Date Naissance : 1.7-23

Lieu : Paris 16°

Nationalité : Franç. d'origine

Profession : Menuisier

Domicile : Pau
14 Bd des Pyrénées

C. I. val. jusqu' Meignac 3.2.43

128-E — 2303-42

CC

Nom : REINACH

Prénoms : Léon

Date Naissance : 24-5-93

Lieu : Paris

Nationalité : Frans.

Profession : Comp. de Musique

Domicile : Pau
14 Bd des Pyrénées
Div. L.E

C. I. val. jusqu' Meignac 3.2.43

17.732   Franç.or

de CAMONDO
~~REINACH~~

née de CARMONDO Louise
Béatrice

9.7.1894 Paris XVI

mariée 2 enf

sans prof.   *Divorcée le 26.10.42*

64 bd Maurice Barrès

NEUILLY S SEINE

par % A.A. IV J

à ne pas libérer

6 DEC 42

L

LI

Stell dir vor, wie Staub sich auf dem Unbeständigen niederlässt, auf den Trümmern.

Ich denke an Sie, wie Sie Nissim zurückholen von dort, wo er während des Krieges begraben war, von diesem mit einem Kreuz bezeichneten ersten Grab. Sie wollten ihn in Ihrer Familiengruft haben.

Ich denke an Béatrice und Fanny und Bertrand und Léon, die nicht nachhause kommen können.

Ich denke an diesen Tunnel.

Asche ist eine zurückgeholte Substanz, wie Staub.

LII

Ich schreibe an euch beide.

Ihr seid im Abstand von wenigen Monaten geboren. Es gibt ein Foto von dir, mein Urgroßvater Viktor, 1945 im Exil in einem Rosengarten in Tunbridge Wells, und es erinnert mich an Sie, Moïse, mit Ihren beiden Enkeln in einem Rosengarten auf dem Land.

Du hast es nicht kommen sehen, Viktor. Du hast die Zerbrechlichkeit deines ausladenden Palais mit seinen endlosen Räumen voller Besitztümer und Sammlungen, Porträts und Emblemen nicht erkannt. Auf den Plafond des Ballsaals ist die *Vernichtung der Feinde Zions* gemalt. Es ist eine Falle. Wie kam es, dass du nicht gegangen bist? Wie konntest du in Wien sitzen und nicht wissen, dass dein Leben auf diese fragile Hoffnung gebaut war, eine Wette auf Assimilation, diese langsame und stetige Entwicklung hin zu der Person, die du werden wolltest, an einem Ort, den du zu lieben gelernt hattest?

Ich spreche mit dir, Viktor, meinem Urgroßvater. Du gelehrter, Bücher kaufender, ergebener und treuer, rabbinischer, Vergil liebender Mann, mit deiner Loyalität gegenüber der Familie, Odessa, Wien und deiner Bibliothek. Du kannst dein *chambre du souvenir* nicht verlassen, die Regale voller für dich in Paris in rotes Saffianleder gebundener Bücher. Du liebst den Duft der blühenden Linden vor deinem Arbeitszimmer zur Schottengasse hin. Du wirst von deinen Büchern weggezerrt, von deinem Glauben an Bildung, Kultur, Wissen, und von deinen Nachbarn gezwungen, die Straße zu säubern. Du siehst Emmy vor dir, geschlagen und beraubt, und deinen jüngsten Sohn, dem man Dachau androht. Du siehst, wie man deine Bibliothek in Kisten stopft, in den Hof hinunterträgt und auf einen Lastwagen wuchtet. Du wirst vertrieben. Und Emmy nimmt sich das Leben. Du stirbst als Flüchtling, staatenlos.

Und Sie, Monsieur, wie konnten Sie es wissen?

Ihr Jüdischsein ist so diskret. Man schreibt das Jahr 1933. Fanny feiert im Temple Buffault ihre Bat Mizwa. Sie spenden einen beträchtlichen Betrag für die Goncourt-Ausstellung, die gerade kuratiert wird. Die Goncourts haben sich niederträchtig über Ihre Familie geäußert, aber man hat ihnen vergeben. Sie gehen natürlich zu Begräbnissen, aber nicht zu Festivitäten. Sie sind Mitglied in einer lang sich entrollenden Reihe an Clubs. Man applaudiert Ihrer Großzügigkeit. In diesem Sommer unternehmen Sie in Ihrem neuen Automobil einen Ausflug nach Venedig.

Konstantinopel ist eine Welt weit weg, und Sie sind ein perfekter Franzose. Dies ist ein Haus von Montrachet, von Tisanes, die Geräusche weich auf Teppichen, hallend auf Stein. Die Fenster blicken hinaus über das Terrassenparterre, bepflanzt mit blauem Leberbalsam und rosa Begonien, vorbei an den steinernen Medici-Vasen mit ihren roten Geranien, dem Rasen, den Bäumen, die Ihr Vater und Ihr Onkel in einen Park im 8. Arondissement der kultiviertesten Stadt der Welt eingesetzt haben.

Sie werden Teil der Straße, des Viertels, der Stadt, des Landes, so perfekt eingepasst, assimiliert, dass Sie verschwinden. Sie hinterlassen Ihr Geschenk, Ihren Namen, und gehen.

LIII

Béatrice, wie Ihre Mutter haben Sie versucht, mittels der Konversion Sicherheit zu finden.

Léon, Sie haben es mit der Scheidung versucht. Sie haben versucht, Ihren Namen Reinach – Dreyfus-Anhänger, gefährlich – von dem Ihrer Frau zu trennen.

Und, Léon, Sie haben zu schreiben aufgehört und zu graben begonnen.

Von diesem einen Tor in der *Cité de la Muette* in Drancy aus werden zwischen dem 22. Juni 1942 und dem 31. Juli 1944 67 400 Juden deportiert.

LIV

Da stand ich also in unserem ehemaligen Haus in Wien. Ich hatte das Buch über meine zerfallene jüdische Familie geschrieben, es war endlich auf Deutsch erschienen, und nun wurde gefeiert. Meine Frau und unsere zwei älteren Kinder waren dabei, mein 81-jähriger Vater, und Jiro, 84 Jahre alt, war aus Tokio gekommen, um Iggie und seinem Exil die Ehre zu erweisen.

Der Innenhof war voller Leute. Auf allen Galerien standen Leute, Politiker, Journalisten, Nachbarn und Nachbarinnen. Und ich sollte sagen, warum dieser Augenblick bedeutsam war. Dass es nicht um das Warten darauf ging, dass man uns zurückgab, was gestohlen worden war, mit Gewalt, mit Terror. Dieses Auseinanderbrechen, unsere Verstreuung, unsere Diaspora. Dieses Auseinandertreiben der vier Ephrussi-Kinder auf vier Kontinente, der Selbstmord ihrer Mutter, der Vater ein Flüchtling, die Ermordung von Onkeln und Tanten in den Lagern.

Es ging nicht um die Kunst, um Künste. Es ging um das, was Kunst mit sich trägt.

Dies war eine Restitution: ein Zurückgeben von etwas, das genommen worden war.

Der Innenhof ist dort, wo im April 1938, in den ersten Nächten voller Gewalt, ein französischer Schreibtisch von Wiener Nachbarn von der Galerie geworfen wurde. Es war ein Hochzeitsgeschenk von Verwandten auf jener goldenen Anhöhe der Rue de Monceau in Paris, vierzig Jahre zuvor, mehrere Leben zuvor.

Es war das erste Familientreffen hier seit dem »Anschluss« im März 1938.

Das sollte ein Ende sein, dachte ich. Lass es.

Man schafft etwas als Denkmal, aber Gedenken ist so gefährlich. Es speist sich, es ist ungewiss. Du erinnerst dich an eine Sache, und dann bist du verloren. Du nimmst einen Faden auf, und der führt dich zu Orten, wo du nicht hinwillst.

Du bist in einem Archiv, und dein Herz stockt, als du einen Namen siehst, etwas Durchgestrichenes. Oder ein Überleben. Du erfährst, dass Léons Bruder Julien Reinach, Jurist, Gelehrter, Kommandeur der *Légion d'honneur*, schwerkrank Bergen-Belsen überlebte und dass auch Rita überlebt hat. Dass er seine Übersetzung des Gaius fertiggestellt und 1950 herausgebracht hat.

Du findest heraus, dass die Fotografie des unbekannten bärtigen Gelehrten, die auf dem Schreibtisch meiner Großmutter Elisabeth stand und von der keiner wusste, wen sie darstellte, Théodore Reinach zeigte, Léons gelehrten Vater, Teil des einschüchternden Trios der »Alleswisser«, der *Je-Sais-Tout*-Brüder, die für ein assimiliertes französisches Judentum kämpften. Dass sie ihn in Sichtweite hatte, wohin immer sie auch ging. Paris, Amsterdam, Wien, Oberbozen, Tunbridge Wells.

Ihr Haus, so heißt es, sei ein passender Tribut an das Gedächtnis Nissims, Ihres Vaters, und Nissims, Ihres Sohnes. Geh durch das Museum Nissim de Camondo. Genau das ist es.

Mein Buch über die an mich weitergereichte Sammlung ist ein passender Tribut an eine verlorene Familie, eine Benennung der Toten, das Aussprechen ihrer Namen als eine Möglichkeit, das alles zusammenzuhalten. Ich schaffe ein Buch und versuche dadurch herauszufinden, was weitergegeben werden soll. Wenn ich *dies* weitergebe, dann gebe ich nicht andere Verantwortlichkeiten weiter, all das archivalische Gewicht. Ich widme das Buch meinem Vater und meinen Kindern. Genauso ist es.

Aber das glaube ich nicht mehr. So ist es nicht, es funktioniert nicht.

»Ich war nicht abgeklärt, als ich dieses Büchlein zu Papier brachte, ich bin es heute nicht und hoffe, dass ich es niemals sein werde. Abklärung, das wäre ja auch Erledigung, Abmachung von Tatbeständen, die man zu den geschichtlichen Akten legen kann ... Nichts ist ja aufgelöst, kein Konflikt ist beigelegt, kein Er-innern zur bloßen Erinnerung geworden«, schreibt Jean Améry, und ich habe das Gefühl, das stimmt. Geschichte geschieht. Sie ist nicht Vergangenheit, sie ist ein unaufhörliches Entfalten des Augenblicks. Sie entfaltet sich in unseren Händen. Deshalb bergen Objekte so viel in sich, sie gehören zu allen Zeitebenen, unaufgelöst, verstörend, *essais*.

Was ist zu tun? Sie schaffen Ihr Museum, und seine Ausrichtung verschiebt sich. Dieser Goldhügel voller Häuser, Familien von überall her, die Franzosen geworden sind, passt ebenfalls nicht mehr. Das Haus Rue de Monceau 61 wird als Hauptquartier der Miliz requiriert, der radikalsten faschistischen paramilitärischen Einheit, die aufgestellt wurde, um Juden und Mitglieder der Résistance zu fassen. Sie hat 30 000 Mitglieder.

Und ich stehe vor der Plakette, die im Dezember 1936 von Jean Zay, dem Bildungsminister, enthüllt wurde, während Béatrice und Fanny und Bertrand und Léon unter all den Zelebritäten standen, die Ihr Geschenk an Frankreich würdigten. Ich habe herausgefunden, dass Jean Zay sein Amt 1939 zurücklegte, um in die französische Armee einzutreten, dass er auf dem Schiff *Le Massilia* nach Nordafrika zu gelangen versuchte, um sich der Résistance anzuschließen, dass er zu Deportation und dann zur Internierung verurteilt wurde. Und dass er am 20. Juni 1944 von *miliciens* aus seiner Zelle geholt und in einem Wald ermordet wurde. Dass er Jude war. Nach dem Krieg fand man seine Leiche unter einem Haufen Steine. Der einzige angeklagte *milicien* wurde nach zwei Jahren Haft freigelassen.

MME LÉON REINACH
NÉE BÉATRICE DE CAMONDO
SES ENFANTS FANNY ET BERTRAND REINACH
DERNIERS DESCENDANTS DU DONATEUR
ET M. LÉON REINACH
DÉPORTÉS EN 1943–1944
SONT MORTS À AUSCHWITZ

Warum macht es mich so zornig, wenn jemand sagt, man solle einfach weitermachen?

LV

Lieber Monsieur,

ich sammle alle meine Familienarchivalien – Schachteln mit Briefen, Opernbücher, Aktenordner mit Restitutionsansuchen, Fotoalben von Maskenbällen in Wien und von Verwandten zu Pferd, Dokumente aus Odessa und Paris und Wien, Briefe vom Rabbinat, die Hochzeiten und Todesfälle verzeichnen, die Fächer, die ich nach Jiros Tod in Iggies Schreibtisch in Tokio fand. Alles wird in Kisten verpackt und an das Jüdische Museum in Wien geschickt. Ein Geschenk.

Ich nehme zwei Drittel der Netsuke in einem Aktenkoffer nach Wien mit, eine langfristige Leihgabe an das Museum, damit es die Geschichte meiner Familie erzählen kann, die aus Odessa nach Paris und Wien kam, weiter nach Tunbridge Wells und Tokio und Mexiko und Arkansas. Ein Drittel verkaufen wir bei einer Auktion, um Geld für das Refugee Council, die britische Flüchtlingshilfeorganisation, zu sammeln.

Es ist ein Versuch, Elegisches zu vermeiden. Mit so etwas muss ich nicht leben. Das muss ich nicht weitergeben.

LVI

Ein letzter Besuch, Monsieur.

Allein. Durch die Eingangshalle und die Treppe hinauf. Bei der Treppenwendung steht die chinesische Vase, die Sie von den Sachen in Ihrem Elternhaus behalten haben. Hinauf und ins Büro. Die Garnitur Tapisserien, Ihre Hälfte, die andere hat Jules Ephrussi für sein *hôtel* gekauft.

Ich habe mir die Fotos angesehen, die in *L'Illustration* veröffentlicht wurden, eine Woche, bevor das Haus zum Museum wurde. Es gibt keine dünnen Schnüre, die den Besucher durch die Räume geleiten. Keine diskreten Nummern, damit wir im Museumsführer nachsehen können, was was ist. Die Rouleaus sind heruntergelassen, wie vorgeschrieben, und so kann das Licht nicht die Tapisserien ausbleichen. Alles frei von Staub.

Ich bin still, will diesen Raum nicht aufstören, Sie nicht aufstören. Ich denke daran, was Proust über die Indifferenz der Fotografie geschrieben hat, den kurzen Moment, in dem wahre Zeugenschaft möglich ist.

»Von meiner Person war – durch das wenig dauerhafte Privileg, das uns erlaubt, während des kurzen Augenblicks des Heimkommens überraschend unserer eigenen Abwesenheit beizuwohnen – nur der Zeuge, der Beobachter in Hut und Reisemantel, der Fremde da, der nicht zum Haus gehört, der Photograph, der kommt, um eine Aufnahme von Stätten zu machen, die man nicht wiedersehen

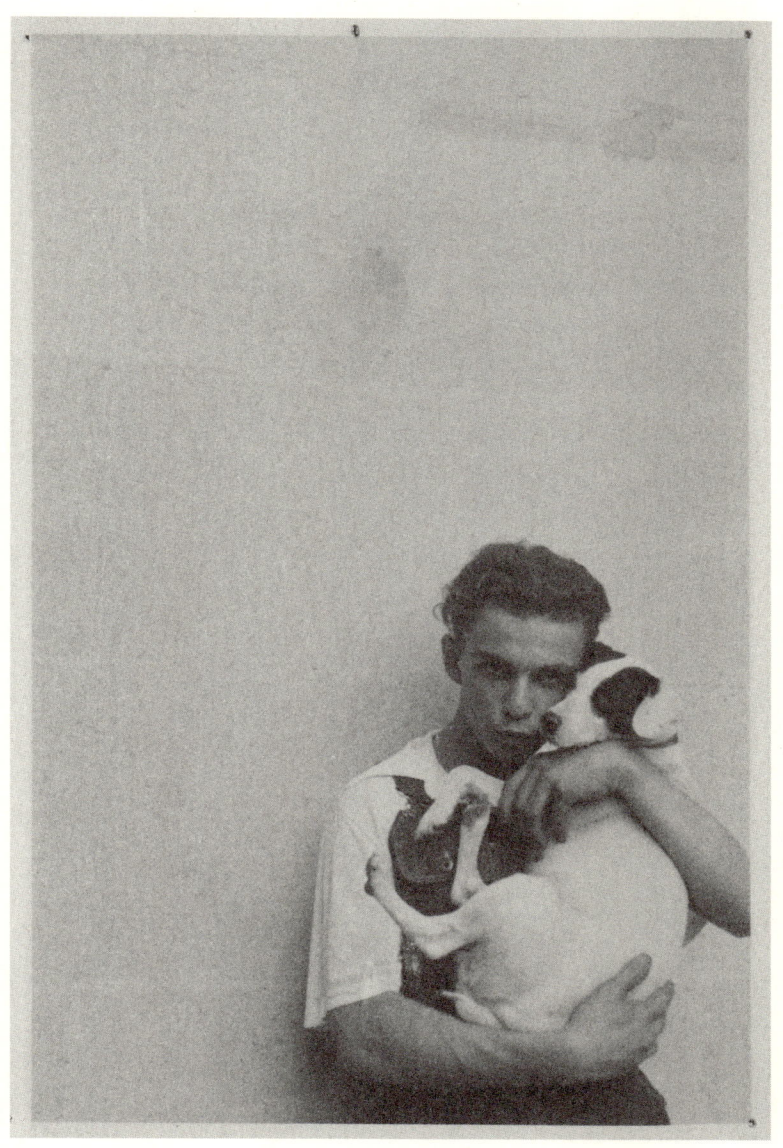

wird. Was auf ganz mechanische Weise in diesem Moment in meinen Augen zustande kam, als ich meine Großmutter bemerkte, war eine Photographie ... Zum erstenmal und bloß sekundenlang, denn sie verschwand schnell wieder, auf dem Kanapee, unter der Lampe, rot, schwerfällig und gewöhnlich, kränkelnd, vor sich hinsinnierend und mit leicht irrem Blick ein Buch musternd, eine verzagte alte Frau, die ich nicht kannte.«

Das ist es, was in Ihrem Haus geschieht. Ich denke an die nacheinander aufgenommenen zwei Fotos von Fanny und Bertrand in Ihrem Haus, lächelnd, die Beine auf einen Stuhl hochgestellt. Sie tragen beide Schuluniform. Ich denke an Bertrand, der seine Hündin hält, ihr einen Kuss gibt.

Wir werden Zuseher der Abwesenheit, Fremde, die nicht in das Haus gehören.

LVII

Monsieur,

genug, ich weiß, und dies könnte lächerlich wirken und als Zurückgreifen auf Themen, die wir bereits besprochen haben, aber ich muss mit Ihnen über Porträts reden.

Louise Cahen d'Anvers war nicht sehr begeistert von den beiden Bildnissen, die Renoir von ihren Töchtern geschaffen hatte, wo sich doch Charles so sehr eingesetzt hatte. Das Doppelporträt der beiden Mädchen in ihren rosa und blauen Festkleidern wurde in ein Dienstmädchenzimmer verbannt. Und dann 1900 den Bernheims für ihre Privatsammlung verkauft. Zudem ließ sie Renoir auf sein Geld warten, keine besonders großartige Fußnote in der Kunstgeschichte. Doch das Porträt Irènes schenkte sie ihrer Enkelin Béatrice. Nach der Hochzeit mit Léon hing es in ihrer Wohnung in Neuilly.

Es wird berühmt. Es wird ausgestellt und reproduziert. Aus Irène wird *La Petite Irène*. 1933 zeigt man es in der großen Renoir-Ausstellung in der Orangerie.

Während der unruhigen Zeit 1940 bringt Léon es zur Sicherheit ins Schloss Chambord. Dann wird es vom Leiter des Einsatzstabs Rosenberg »konfisziert«, jener Einheit, die plündert, die Juden all dessen beraubt, was sie besitzen. Am 10. August 1941 schreibt Léon einen Brief an die Direktion der Nationalmuseen in Paris, worin er erklärt, das Gemälde habe seine Frau von ihrer Großmutter erhalten, und betont, wie viel die Familie Frankreich gegeben hat.

Göring sucht sich das Bild für seine private Sammlung in Karinhall aus. Emmy Göring hat eine Schwäche für die Impressionisten, und dieses Mädchen ist bezaubernd. Wie ein Kritiker schrieb, als es im Salon von 1881 ausgestellt wurde: »Man kann sich nichts Hübscheres erträumen als dieses blonde Kind, dessen Haar auseinanderfällt wie ein Seidenmantel, in schimmernde Reflexe getaucht, mit blauen Augen voll naiven Staunens.«

Sie könnte eine Nichtjüdin sein; geworden ist sie *La Petite Fille au Ruban Bleu*. Und es ist kein sehr großes Bild, 64 mal 54 Zentimeter. Leicht zu hängen.

Göring tauscht es dann am 10. März 1942 bei Gustav Rochlitz, einem Kunsthändler, der mit dem Einsatzstab-Reichsleiter Rosenberg zusammenarbeitet, gegen einen florentinischen Tondo ein.

Im Jeu de Paume aufbewahrte jüdische Familienporträts werden von der Gestapo 1944 vernichtet.

Am 4. September 1945 wird das Bild wiedergefunden und zur zentralen Sammelstelle Nr. 8035 in München transferiert, dann nach Paris geschickt, wo es 1946 in *Les chefs-d'œuvre des collections privées françaises retrouvés en Allemagne par la Commission de récupération artistique et les Services alliés* in den Tuilerien ausgestellt wird, der Ausstellung in Deutschland aufgefundener französischer Meisterwerke. Es ist wieder in der Orangerie.

Irène Sampieri, geborene Cahen d'Anvers, Mutter von Béatrice, Großmutter von Fanny und Bertrand, Ihre Ex-Frau, Katholikin, erhebt im Namen des Nachlasses ihrer verstorbenen Tochter am 27. März 1946 Anspruch darauf. Sie ist nun die Erbin der Camondos. Sie verkauft das Porträt, das Renoir 1880 im Garten des Hôtel Cahen d'Anvers in der Rue de Bassano von ihr gemalt hat, an Emil Georg Bührle, Besitzer von Oerlikon, Waffenlieferant der Nazis.

Sie erbt das Vermögen ihrer Tochter, 110 Millionen Francs. In den 1950ern kauft sie die Villa Araucaria in Cannes. Sie stirbt im November 1962 im 16. Arrondissement.

Ihre jüngere Schwester Elisabeth, das Mädchen im blauen Kleid in

Rose et bleu, stirbt während der Deportation nach Auschwitz im März 1944. Ihre Schwester Alice, im rosa Kleid, stirbt 1965 in Nizza.

Das *Porträt von Irène Cahen D'Anvers (La Petite Irène)* befindet sich in der Fondation Bührle in Zürich.

Rose et bleu hängt im Museu de Arte de São Paulo.

Menschen gleiten in die Kunst ab und sind verloren.

LVIII

Also, Monsieur, als das Buch über meine Familie erschien, stellte man mir Fragen zum Glaubensbekenntnis. In Amerika mit einiger Direktheit: »Werden Sie zurückkommen?« Manche fragten nach den Kindern. Ich antwortete ausweichend.

Mein Vater ist ein zur Hälfte jüdischer anglikanischer Geistlicher. Meine Mutter ist die Tochter eines Landvikars, Historikerin, sie schreibt über Mönchstum. Ich wuchs in der Church of England auf, in Kathedralen. Ich habe über die Quäker geschrieben und fühle mich zu ihrem Schweigen hingezogen. Ich lese zen-buddhistische Gedichte. Ich liebe die Psalmen, die alles enthalten, wahre Gedichte des Exils. Ich bin zur Hälfte Engländer, zu einem Viertel Holländer, zu einem Viertel Österreicher und ganz und gar Europäer.

Ich weiß nicht genau, wohin ich zurückkommen soll.

Aus der Feststellung *ce que nous sommes* wird eine Frage. Mein Vater, geboren in Amsterdam, aufgewachsen in Paris, Wien und Südtirol, 1939 zum Flüchtling geworden, hat erfahren, dass sein Antrag auf die österreichische Staatsbürgerschaft Erfolg hatte. Es ist 82 Jahre her, dass er Wien verließ. Aber wo gehöre ich hin? Ich arbeite mit Porzellan, einem migratorischen Material. Es ist von weit her gekommen. Ich fertige Dinge, die leicht brechen. Ich stehe auf und erzähle Geschichten. Ich schreibe, aber jetzt denke ich, wenn ich schreibe, an Palimpseste, das Überschreiben eines Textes durch einen anderen. Ich scheine viel Zeit in Archiven zu verbringen. Ich erinnere mich, dass Salomon Reinach in seinem Buch *Drumont et Dreyfus* das Pseudonym »L'archiviste« verwendete, und denke, dass an Archivaren etwas sehr Ehrenhaftes ist.

Ich glaube, ich bin ein Mischling. Ein nichtpraktizierendes Alles. Aber ich weiß, was die Hingabe an eine Idee bedeutet. Ich weiß, dass es Wege gibt, aus dem Verstreuten etwas Außerordentliches zu schaffen. Und dass dies eine Art ist, etwas zu sagen, dem Schweigen der Geringschätzung zu begegnen.

Ich glaube, man kann mehr als einen Ort lieben. Ich glaube, man kann eine Grenze überschreiten und trotzdem ein vollständiger Mensch sein.

Und so sitze ich hier in diesem schönen Raum mit dem Teppich der goldenen Winde unter meinen Füßen am Rand des Parc Monceau und denke, *ce que nous sommes*, dass man aus einem Ort ein Heim machen kann, und dass darin Ehrenhaftigkeit liegt, und ich denke, das ist Zeugenschaft. Dazu komme ich zurück.

Ich kann den Herbst spüren.

Ich denke *Freund*.

Edmund de Waal
London, Dezember 2020

WEITERFÜHRENDE LITERATUR

Grundlegendes zur Familie Camondo: Nora Şeni, Sophie Le Tarnec, *Les Camondo ou l'éclipse d'une fortune*. Arles 1997; Pierre Assouline, *Le Dernier des Camondo*. Paris 1997. Ein wunderbarer Ausstellungskatalog über die Familie: *La Splendeur des Camondos de Constantinople à Paris 1806–1945*. Paris 2009. Das Schlüsselwerk über die Entstehung des Museums ist der herrlich illustrierte Band *Musée Nissim de Camondo: La demeure d'un collectionneur*. Paris 2007 (auf Englisch: *The Camondo Legacy: The passions of a Paris Collector*. Paris 2008). Unverzichtbar ist die jüngst erschienene Ausgabe von Nissims Briefen: *Le Lieutenant Nissim de Camondo Correspondance et Journal de Campagne 1914–1917*. Les Arts Décoratifs 2017. In Anne Sebba, *Les Parisiennes*, New York 2016, findet sich ein ausführliches Kapitel über Béatrice Reinach.

Für Hintergrundinformationen zum jüdischen Leben in Frankreich bin ich Pierre Birnbaum, *The Jews of the Republic* (englische Übersetzung von Jane Marie Todd). Stanford 1996, und Michael Graetz, *The Jews in Nineteenth-Century France* (englische Übersetzung von Jane Marie Todd). Stanford 1996, verpflichtet. Cyril Grange, *Une élite parisienne: les familles de la grande bourgeoisie juive (1870–1939)*. Paris 2016, ist wesentlich für das Verständnis des ökonomischen Milieus.

Zur Entwicklung der Rue de Monceau empfehle ich Fredric Bedoire, *The Jewish Contribution to Modern Architecture 1830–1930*. Stockholm 2004; zum Bau der Villa Kérylos Adrien Goetz, *Villa Kérylos*. Paris 2017.

Zwei jüngst erschienene großartige Romane gehen Teilen dieser Geschichte nach: Fillipo Tuena, *Le variazioni Reinach*. Rom 2015, und, noch einmal, Adrien Goetz, *Villa Kérylos*. Paris 2017.

Als Hintergrundlektüre zu Geschmack und Kennertum empfehle ich Charlotte Vignon, *Duveen Brothers and the Market for Decorative Arts, 1880–1940*. New York 2019, und Colin B. Bailey, *Renoir's Portraits: Impressions of an Age*. Yale 1997.

Schließlich zu den Schlüsseltexten, die ich in Bezug auf Vichy-Frankreich und den Holocaust konsultiert habe: Michael R. Marrus, Robert O. Paxton, *Vichy France and the Jews*. New York 1983; David Pryce-Jones, *Paris in the Third Reich*. London 1981; Sarah Gensburger, *Images d'un Pillage: Album de la spoliation des juifs a Paris, 1940–1944*. Paris 2010; Renée Poznanski, *Jews in France during World War II*. Brandeis 2002; Robert Paxton, *La France de Vichy (1940–1944)*. Paris 1973; Alan Riding, *Et la fête continue: la vie culturelle à Paris sous l'Occupation*. Paris 2012.

ANMERKUNGEN

EPIGRAPH
S. 7 lacrimae rerum; »die Tränen der Dinge«; aus: »*sunt lacrimae rerum et mentem mortalia tangunt*«, »Tränen sind in allen Dingen, und alles, was dem Tode geweiht ist, berührt unser Herz.«
Vergil, *Aeneis*, Buch 1, 462.

BRIEF III
S. 14 in dem Ihre Sèvres-Services: Siehe Sylvie Legrand-Rossi, *Les Services aux oiseaux Buffon du comte Moïse de Camondo: Une encylopédie sur porcelaine*. Les Arts Décoratifs / Gourcuff Graden 2016.

BRIEF V
S. 18 Teppich der Winde: Bertrand Rondot, »Bâtir une collection«, in: Marie-Noël de Gary, *Musée Nissim de Camondo: La demeure d'un collectionneur*. Paris 2007, S. 87.

BRIEF VI
S. 20 »Steinhaus«: Nora Şeni, Sophie Le Tarnec, *Les Camondo ou l'éclipse d'une fortune*. Arles 1997.
S. 21 »Instruktionen und Anweisungen«: De Gary, *Musée Nissim de Camondo*.

BRIEF VII
S. 24 »dichter, grauer, samtiger Staub«: John Rewald, *Morandi*. New York 1967.

BRIEF VIII
S. 26 »Asche ist das allerletzte Ergebnis«: »An Interview with W. G. Sebald«, Sarah Kafatou, *Harvard Review*, Nr. 15 (Herbst 1998).

BRIEF X

S. 33   die »großen Damen des vornehmen Faubourg«: George Augustus Sala, *Paris Herself Again*. New York, 6. Aufl. 1882.

BRIEF XI

S. 36   auf Nummer 61: Siehe Ausstellungsbroschüre, »Le 61 rue de Monceau: L'autre hôtel Camondo«. In: Sylvie Legrand-Rossi, Sophie d'Aigneaux-Le Tarnec, MAD 2020.

S. 36   »noch neues und blasses« Haus: Émile Zola, *La Curée* (1871; dt.: *Die Treibjagd*). Paris 2005.

S. 37   »Lageplan der tödlichen Fallen«: Walter Benjamin, Einbahnstraße. Frankfurt / Main 2001.

S. 37   »An den Sommerabenden«: Émile Zola, *La Curée*.

S. 37   *Le Baron Vampire:* Zu Guy de Charnacé, *Le Baron Vampire*. Paris 1885, vgl. Sarah Juliette Sassoon, *Longing to Belong: The Parvenue in 19th Century French and German Literature*. New York 2012.

BRIEF XII

S. 40   »wie auf dem Porträt der MÄTRESSE DES TIZIAN«: Edmond und Jules de Goncourt, *Journal 1851–1896*. 11 Bände, Leipzig 2013.

S. 40   *»La muse alpha«:* Michael Mansuy, *Un Moderne: Paul Bourget de l'enfance au Disciple*. Paris 1961.

S. 41   »Ja, da gibt es zwei schöne Ahnenbilder«: Paul Bourget, *Cosmopolis*. New York 1910.

S. 42   überredet Charles Louise: Colin B. Bailey, *Renoir's Portraits: Impressions of an Age*. New Haven / London 1997.

BRIEF XIV

S. 45   *Mes chéris:* Şeni, Le Tarnac, *Les Camondo ou l'éclipse d'une fortune*. »Meine Lieben, wie ich euch neulich erzählt habe, werde ich für ein paar Wochen nach Italien reisen. Ich berichte euch eine Neuigkeit, die euch nicht erstaunen wird, denn ihr habt sie ja schon erwartet! Ich habe neulich M. Sampieri geheiratet.« (Anm. d. Ü.)

BRIEF XV

S. 47   »*Les Rothschild*«: Édouard Drumont, *La France Juive: Essai d'histoire contemporaine*. 1886.

S. 48   »Wird Reinach geschlagen«: Pierre Birnbaum (engl. Übersetzung von Jane Marie Todd), *The Jews of the Republic*. Stanford 1996.

S. 48 »Justizmord«: Salomon Reinach, *Orpheus: histoire générale des religions.* 1909.

S. 48 »verächtliches Schweigen«: Théodore Reinach, »Actes«. In: *Revue des études Juives,* Bd. 15 (1885); zit. in: *Jewish Emancipation Reconsidered: the French and German Models.* Hrsg. von Michael Brenner, Vicki Caron und Uri R. Kaufmann, 2003.

S. 50 »Man kann nicht irgendeinen Leven oder Reinach hernehmen«: Birnbaum, *The Jews of the Republic.*

BRIEF XVI

S. 52 »Das Schauspiel all dieser Träger vornehmer Namen«: Drumont, *La France Juive.*

BRIEF XVII

S. 54 Sie spenden das Schmuckschild für die Thora: *La Splendeur des Camondos de Constantinople à Paris 1806–1945.* Paris 2009.

BRIEF XVIII

S. 56 *les épingles de cravate:* Évelyne Possémé, »Les épingles de cravate du comte Nissim de Camondo«, in: ebd.

S. 57 »Manschettenknöpfen, Knöpfen an seinem Hemd«: de Charnacé, *Le Baron Vampire,* ebd.

BRIEF XX

S. 62 Achille Duchêne entwirft Ihre Gärten für Sie: De Gary, *Musée Nissim de Camondo: La demeure d'un collectionneur.*

BRIEF XXI

S. 64 Proust liebt Chardin: Vgl. Helen O. Borowitz, »The Watteau and Chardin of Marcel Proust«. In: *The Bulletin of the Cleveland Museum of Art,* Bd. 69, No. 1 (Januar 1982). Zitat in: Marcel Proust, *Chardin und Rembrandt.* In: *Essays, Chroniken und andere Schriften,* Werke I, Band 3, Frankfurt / Main 1992.

BRIEF XXII

S. 68 »die Echos webt und wieder löst«: Octavio Paz, *Das Vorrecht des Auges,* Frankfurt / Main 2001.

BRIEF XXIII

S. 70 in Ihrem Porzellanzimmer: Vgl. Legrand-Rossi, *Les Services aux oiseaux Buffon du comte Moïse de Camondo*.

BRIEF XXIV

S. 72 »*Élève intelligent*«: *Le Lieutenant Nissim de Camondo Correspondance et Journal de Campagne 1914–1917*, Les Arts Décoratifs 2017. »Kluger Schüler, doch oberflächlich und lasch. Könnte viel besser sein.« (Anm. d. Ü.)

BRIEF XXV

S. 73 Veneerings ... Verdurins: Die Veneerings sind ein neureiches Ehepaar in Charles Dickens' Roman *Unser gemeinsamer Freund* (vom englischen Wort *veneer* für Furnier), die Verdurins (von französisch *verdure* für das Grün der Natur) ein Ehepaar aus Marcel Prousts *Auf der Suche nach der verlorenen Zeit* (Anm. d. Ü.).

S. 73 Bei Seligmann, Duveen: Siehe Charlotte Vignon, *Duveen Brothers and the Market for Decorative Art, 1880–1940*. New York 2019.

S. 75 *un chef d'eunuques abyssins*: ein Häuptling abessinischer Eunuchen. (Anm. d. Ü.)

S. 75 »Die Vorliebe für Nippsachen«: Drumont über das Château de Ferrières, in: *La France Juive*: »Un prodigieux, un incroyable magasin de bric-a-brac.« Ebenfalls zit. in: *Le Lieutenant Nissim de Camondo*.

BRIEF XXVI

S. 78 Sie haben die 268 Briefe und Postkarten, die er Ihnen geschickt hat: *Le Lieutenant Nissim de Camondo Correspondance et Journal de Campagne 1914–1917*.

S. 78 *Jeudi matin:* »Donnerstagmorgen. Nichts Neues, mein lieber Papa, das Wetter ist schön. Ich umarme und küsse dich und Béatrice herzlich. Nini.« (Anm. d. Ü.)

S. 78 »*Milles et milles tendresses*«: »Tausend und Abertausend Zärtlichkeiten. Ich umarme dich zärtlich. Ich umarme dich aus ganzem Herzen.« (Anm. d. Ü.)

S. 80 »Tief bekümmert höre ich«: Ebd.

BRIEF XXVII

S. 81 verfügen Sie in Ihrem Testament: Sylvie Legrand-Rossi, »Un musée en mémoire«, in: *Le Lieutenant Nissim de Camondo Correspondance et Journal de campagne 1914–1917*.

BRIEF XXIX

S. 86   *ce que nous sommes:* Théodore Reinach, *Ce que nous sommes*. Paris 1917, Neuausgabe Paris 2018.

BRIEF XXX

S. 88   »Vielleicht«, schreibt Walter Benjamin: Walter Benjamin, *Das Passagen-Werk*. 2 Bände, Frankfurt / Main 1982.

S. 88   »beinahe unerreichbaren Objekten«: Charles Ephrussi, »Les Lacques Japonais au Trocadero«. In: *Gazette des beaux-arts*, S, 954–968.

S. 89   »Mein Leben aber währte bereits so lange«: Marcel Proust, *Auf der Suche nach der verlorenen Zeit*. Übersetzt von Eva Rechel-Mertens, 3 Bände, Frankfurt/Main 2000.

BRIEF XXXI

S. 91   *Hier a été celebré:* »Gestern wurde im Tempel in der Rue Buffault die Hochzeit von M. Léon Edouard Reinach, Sohn des M. Théodore Reinach, Mitglied des Instituts, Offizier der Ehrenlegion, mit Mlle Louise Béatrice de Camondo, Tochter von Comte Moïse de Camondo (bekannter Sammler und Sportsmann) gefeiert.« (Anm. d. Ü.)

S. 92   Villa Kérylos: Ein schönes, jüngst erschienenes Buch: Adrien Goetz, Villa *Kérylos*. Paris 2017.

BRIEF XXXII

S. 95   »Die Sonate für Klavier und Geige«: *Menestrel*, 19. März 1926. Zit. in: Fillipo Tuena, *Le variazioni Reinach*. Rom 2015.

BRIEF XXXVI

S. 106   »Glück des Sammlers«: Walter Benjamin, *Das Passagen-Werk*.

S. 106   Definitionen für die Kunst: Denis Diderot (Hrsg.), *Encyclopédie, ou dictionnaire raisonné des sciences, des arts et des métiers*. Paris 1751–1772. »Schlossmacher, Ziseleur, Goldschmied, Graveur, Arkebusier, Schmuckhändler, Edelsteinfasser, Tauschierer.« (Anm. d. Ü.)

BRIEF XXXVII

S. 108   zu viel Anstrengung: Zit. in: Mitchell B. Merback, *Perfection's Therapy: An Essay on Albrecht Dürer's* Melencolia I. New York 2017. Das Zitat stammt aus Dürers unvollendetem Werk *Ein Speis der Malerknaben*.

S. 108   »dass ich unterm Saturn zur Welt kam«: Walter Benjamin, *Einbahnstraße*.

S. 108 Die Welt der Trauer: Siehe Sigmund Freud, *Über Trauer und Melancholie*. In: Gesammelte Werke in 18 Bänden mit einem Nachtragsband, Frankfurt / Main 1946.

BRIEF XXXVIII

S. 113 »In Paris erst fangen die Ostjuden an«: Joseph Roth, *Juden auf Wanderschaft*. München 2006.

BRIEF XL

S. 118 vom Herzog und der Herzogin von Guermantes diskutiert: Marcel Proust, *Auf der Suche nach der verlorenen Zeit*.

S. 119 »diese Arbeit muss die Kunst«: Walter Benjamin, *Das Passagen-Werk, Aufzeichnungen und Materialien*.

BRIEF XLI

S. 122 »Das Zimmer ist rund«: Michel de Montaigne, »*Dreierlei Umgang. Freunde, Frauen, Bücher*«, in: *Die Essais*. Leipzig 1953.

BRIEF XLIII

S. 125 *Histoire des Israélites:* Théodore Reinach, *Histoire des Israélites depuis l'époque de leur dispersion jusqu'à nos jours*. Paris 1885.

BRIEF XLIV

S. 127 eine nach einem Modell von Houdon gegossene Bronze: De Gary, *Musée Nissim de Camondo*.

BRIEF XLVI

S. 132 *Communiqué: Excelsior*, 24. Dezember 1936; https://gallica.bnf.fr/ark:/12148/bptk6k4609794h/f2.item

S. 135 »Glück des Sammlers«: Walter Benjamin, *Das Passagen-Werk*.

BRIEF XLVIII

S. 138 Er arbeitet an einer Übersetzung: Julien Reinach, *Gaius, Institutes*. Paris 1950. https://en.wikipedia.org/wiki/Gaius_(jurist), »Gesetz ist, was das Volk anordnet und festsetzt«; Gaius, *Institutiones, 1.2.3*.

S. 139 »*gala costume, qui permet*«: Zit. in: Tuena, *Le variazioni Reinach*.

S. 139 »Ihr Machtantritt ist zweifellos«: Zit. in Pierre Birnbaum (übers. von Arthur Goldhammer), *Léon Blum: Prime Minister, Socialist, Zionist*. New Haven 2015.

BRIEF XLIX

S. 141 »jede Person, die von drei Großeltern jüdischer Rasse«: Richard Weisberg, *Vichy Law and the Holocaust in France*. New York 1996.

S. 143 »Das ist kein Hinauswurf«: Michael R. Marrus, Robert O. Paxton, *Vichy France and the Jews*. New York 1983.

S. 143 »Renoir-Porträt von Irène«: *La Splendeur des Camondo de Constantinople à Paris 1806–1945*. Paris 2009.

S. 144 Es gibt einen Katalog: David Pryce-Jones, *Paris in the Third Reich*. London 1981.

S. 144 »die Unmenge von Juden«: Ebda.

S. 145 »Ich habe die Ehre zu berichten«: Michael R. Marrus, Robert O. Paxton, *Vichy France and the Jews*.

S. 146 »einen jüdischen Haushalt zu erwerben«: Ian Ousby, *Occupation: The Ordeal of France 1940–1944*. London 1997.

S. 146 »Zahlreiche Leser fragen uns«: *Au Pilori*, Nr. 109, 13. August 1942; http://www.memorialdelashoah.org/wp-content/uploads/__/__/ au-piloriinventaire-bibliotheque.pdf.

S. 146 »Ich habe mich immer für die Verleumdung ausgesprochen«: Pryce-Jones, *Paris in the Third Reich*.

S. 147 »(Der Jude) singt«: Louis-Ferdinand Céline, *Les Beaux Draps*. Paris 1941.

S. 147 »Ich bin mir gewiss, dass ich auf wunderbare Weise beschützt bin«: Anne Sebba, *Les Parisiennes*. New York 2016.

S. 148 Der Direktor des Institut de France: Tuena, *Le variazioni Reinach*.

S. 149 Das Haus der Cahen d'Anvers: Fotos des Hauses als Depot siehe in: Sarah Gensburger, *Images d'un Pillage: Album de la Spoliation des Juifs à Paris 1940–1944*. Paris 2010.

S. 149 Vermerk sur Léon Reinach: *La Splendeur des Camondo*.

BRIEF LII

S. 158 *Vernichtung der Feinde Zions*: Siehe Gabriele Kohlbauer-Fritz, Tom Juncker (Hrsg.), *Die Ephrussis: Eine Zeitreise*. Wien 2019.

BRIEF LIV

S. 163 »Ich war nicht abgeklärt«: Jean Améry, *Jenseits von Schuld und Sühne*. München 1966.

BRIEF LVI

S. 166 »Von meiner Person war«: Marcel Proust, *Auf der Suche nach der verlorenen Zeit. Die Welt der Guermantes*.

BRIEF LVII
S. 170 »Man kann sich nichts Hübscheres erträumen«: Zu Renoirs Porträts der Cahen-d'Anvers-Töchter siehe Bailey, *Renoir's Portraits*.
S. 170 Sie ist nun die Erbin der Camondos: Cyril Grange, *Une élite parisienne: les familles de la grande bourgeoisie juive (1870–1939)*. Paris 2016.

BRIEF LVIII
S. 173 *Drumont et Dreyfus:* Salomon Reinach, *Drumont et Dreyfus. Études sur la »Libre Parole« de 1894 à 1895*, Paris 1898.

ABBILDUNGEN

Alle Abbildungen stammen aus dem Archiv des Musée Nissim de Camondo © MAD, Paris / Jean-Marie del Moral, außer wo anders angegeben. Seiten 13, 23, 31, 66, 97, 101, 103, 117, 167 © MAD, Paris / Christophe Dellière.

S. 10   Überdachte Kutschzufahrt (Porte-cochère) des Musée Nissim de Camondo, Rue de Monceau 63, Paris.

S. 13   In rotes Leder gebundene Korrespondenzbücher aus der Bank von Isaac Camondo & Cie, 1880–1890, aus dem Archiv des Musée Nissim de Camondo.

S. 17   Graf Moïse de Camondo, um 1890.

S. 19   Der Teppich der Winde im *grand salon* und ein Detail eines Säulentischchens (Ende 18. Jahrhundert) aus dem Musée Nissim de Camondo.

S. 23   Blick von der Kutschzufahrt des Musée Nissim de Camondo in den Innenhof.

S. 31   Tür zum alten Gepäckraum.

S. 35   Karte von Paris aus: Karl Baedeker, *Baedeker's Paris and its Environs*. Leipzig 1898.

S. 39   Der *grand salon* des *hôtel* in der Rue de Monceau 61, um 1876.

S. 46   Irène Cahen d'Anvers und ihre Kinder Béatrice und Nissim Camondo und Claude Sampieri, um 1905

S. 49   Théodore Reinach, 4. Mai 1913: Photographie agence de presse Meurisse © Bibliothèque Nationale de France.

S. 53   Moïse, Béatrice und Nissim de Camondo in Aumont, um 1910.

S. 59   Roger Vandercruse, bekannt als Lacroix, Tisch *à la Bourgogne*. Um 1760.

S. 61   René Sergent, Plan des erhöhten Erdgeschosses des Hôtel Camondo. Aus: René Bétourné, *René Sergent architecte, 1865–1927*, Paris 1931 © MAD, Paris.

S. 66	François Bernard Lépicié, in der Manier von Jean Siméon Chardin, *Jeune Fille au volant*, 1742. Stich im Korridor des Musée Nissim de Camondo.
S. 69	Gedeckter Tisch für ein Diner im Porzellanzimmer.
S. 74	Jean-Henri Riesener, Kommode mit verschiebbaren Tafeln, um 1775–1780; unbekannter Künstler, *Bacchanal* nach der Manier von Clodion, 19. Jahrhundert.
S. 77	Moïse de Camondo und sein Sohn Leutnant Nissim de Camondo im Sommer 1916 im Garten der Rue de Monceau 63.
S. 84	Nissim de Camondos Schlafzimmer.
S. 90	Der vordere Innenhof der Villa Kérylos, entworfen von Emmanuel Pontremoli, fotografiert von Antoine Vizzanova. Veröffentlicht in: *Kérylos*, Paris 1934. Foto © Benjamin Gavaudo / Centre des monuments nationaux.
S. 93	Villa Kérylos, Ansicht vom Strand aus. Unbekannter Fotograf, Postkarte aus den 1950er Jahren.
S. 97	Léon Reinach, 1933.
S. 101	Béatrice Reinach, 1933.
S. 103	*Duchesse brisée*, um 1740–1750, im Blauen Salon des Musée Nissim de Camondo.
S. 110 / 111	Moïse de Camondos Bibliothek.
S. 117	Die Anrichte des Speisezimmers, Domäne von Pierre Godefin, Chefbutler bei Moïse de Camondo.
S. 130 / 131	Blick von der Galerie in den *Salon des Huet*, 1936. Archiv des Musée Nissim de Camondo © Alain Moïse Arbib.
S. 136	Katalog des Musée Nissim de Camondo, 1936.
S. 140	Fanny Reinach auf Pamplemousse, 1. August 1942.
S. 152–155	Deportationsbescheinigungen von Fanny, Bertrand, Léon und Béatrice Reinach aus den Akten des Internierungslagers Drancy, nach 1942 © Archives nationales, France.
S. 167	Bertrand Reinach, 1938.
S. 171	Pierre-Auguste Renoir, *Portrait de mademoiselle Irène Cahen d'Anvers*, 1880. © Sammlung Emil Bührle, Zürich / Photo Schälchli / Schmidt, Zürich.
S. 175	Garten des Musée Nissim de Camondo.

DANK

Ich bin Olivier Gabet, Direktor des Musée des Arts Décoratifs, äußerst dankbar für seine Freundschaft und sein Vertrauen; er hat mir die Tore des Musée Nissim de Camondo geöffnet. Sophie Le Tarnec, Sylvie Legrand-Rossi, Chloé Demey, Anaïs Lancrenon, Lionel Leforestier und Yvon Figueras waren wahrhaft liebenswürdig und haben das gesamte Projekt unterstützt, ohne ihr Wissen und ihre Generosität hätte dieses Buch nicht realisiert werden können. Ich danke euch allen so sehr und stehe zutiefst in eurer Schuld.

Mit tiefer Dankbarkeit, wie immer, für meine großartige Lektorin Clara Farmer und für Charlotte Humphery bei Chatto & Windus, Kathy Fry und Fiona Brown für ihre Sorgfalt mit dem Text und Stephen Parker für die schöne Gestaltung (der englischen Ausgabe). Danke noch einmal an Jonathan Galassi und Ileene Smith bei FSG für ihren Enthusiasmus für ein weiteres Buch. Ein großes Dankeschön meiner Agentin Caroline Wood, Zoe Pagnamenta und Andrew Nurnberg, die dieses Buch in wahrhaft herausfordernden Zeiten Wirklichkeit werden ließen. Ich habe außerordentliches Glück, mit euch allen arbeiten zu dürfen.

Danke an Marina Kellen French, Samia Samou, Brigitte Hilzensauer, Renata Goldschmidt-Propper, Giselle de Bogarde Scantlebury und Anne Sebba für Weiterempfehlungen in Paris, Übersetzungen und Gespräche während der Arbeit. Meinen beiden Eltern danke ich für Gespräche über Ursprünge, über Zugehörigkeit und Weiterentwicklung. Claire Tillotson war von Anfang an unermüdlich, sorgfältig und scharfsichtig und wahrhaft einfallsreich bei dem Unternehmen, dieses Buch auf die Reise zu schicken. Mein Team – Melody Clark, Stephanie Forest, Sun Kim, Chris Riggio and Barry Stedman, unter Leitung meiner Studiochefin Jemima Johnson – war phantastisch.

Meine erste Leserin war meine Tochter Anna, sie hat mir Mut gemacht und war äußerst einfühlsam, hat mit großzügiger Scharfsichtigkeit alles aufgenommen und kommentiert. Mein innigster Dank geht an meine Familie, an meine Frau Sue und an Ben und Matthew und Anna, für ihren Glauben an dieses Buch und für ihre Liebe.

Dieses Buch ist für Felicity Bryan. Fünfzehn Jahre lang war sie meine Freundin und die Agentin meiner literarischen Werke und hat mit wunderbarer Energie und Zuneigung Bücher und Möglichkeiten eröffnet. In ihren letzten Wochen erzählte ich ihr von diesen Briefen, ihr Ehemann Alex Duncan las sie ihr vor, und sie meinte, das würde ihr letzter Buch-Deal. So war es, und sie fehlt mir.

»Lässt das Echo einer versunkenen Zeit entstehen.«
Daniela Strigl, F. A. Z.

Gerda, Friedl, Ilse und Susanne waren die Töchter von »Benedikt-Sohn« und Enkelinnen von Moriz Benedikt, dem berühmten Herausgeber der mächtigen »Neuen Freien Presse«, gegen die Karl Kraus heftig polemisierte. In unmittelbarer Nachbarschaft der Benedikts lebte Elias Canetti, dessen Blicken die Töchter nicht entgingen und von denen er sich in den Salon einladen ließ. Der »Anschluss« machte dem privilegierten Dasein ein Ende, den vier Schwestern aber gelang die Flucht. Verstreut in alle Himmelsrichtungen, blieben sie einander über Emigration, Krieg, Nachkrieg hinweg verbunden.
Ernst Strouhal erzählt von einem Stück unwiederbringlicher Kultur und gibt damit seiner eigenen Mutter und seinen drei Tanten eine Stimme.

416 Seiten mit Abbildungen und Register
Gebunden. zsolnay.at